피터 드러커의
**경영을 읽다**

# 피터 드러커의 경영을 읽다

초판 1쇄 발행 | 2021년 4월 28일
초판 3쇄 발행 | 2023년 1월. 10일

2판  1쇄 발행 | 2024년 3월 10일
2판  2쇄 발행 | 2024년 9월 10일

지은이 | 피터 드러커
엮은이 | 하버드 비즈니스 리뷰
옮긴이 | 조미라
발행인 | 안유석
책임 편집 | 고병찬
표지 디자인 | 오성민
내지 디자인 | 박정호
펴낸곳 | 처음북스
출판등록 | 2011년 1월 12일 제2011-000009호
주소 | 서울시 강남구 강남대로 374 스파크플러스 강남 6호점 B229호
전화 | 070-7018-8812 팩스 | 02-6280-3032
이메일 | cheombooks@cheom.net
홈페이지 | www.cheombooks.net
인스타그램 | @cheombooks
ISBN | 979-11-7022-277-4  03320

# 피터 드러커의 경영을 읽다

피터 드러커 지음 ㅣ 하버드 비즈니스 리뷰 출판부 엮음 ㅣ 조미라 옮김

현대 경영학의 아버지
피터 드러커의
대표적인 글을 한 권으로 엮은
경영의 본질

THE
PETER F.
DRUCKER
READER

처음북스

**The Peter F. Drucker Reader: Selected Articles from the Father of Modern Management Thinking**

차례

서문 _ 6

**1장** 목표를 달성하는 경영진의 비결 _ 13

**2장** 비즈니스 이론 _ 35

**3장** 비즈니스 목표를 달성하는 경영 _ 59

**4장** 목표를 달성하는 의사결정 _ 85

**5장** 어떻게 인사 결정을 내릴 것인가 _ 109

**6장** 그들은 직원이 아니라 사람이다 _ 125

**7장** 생산성에 관한 새로운 도전 _ 145

**8장** 기업은 비영리 기관에서 무엇을 배울 수 있는가 _ 169

**9장** 새로운 조직 사회 _ 189

**10장** 자기경영 _ 215

# 서문

이 책은 피터 드러커(Peter F. Drucker, 1909~2005년)가 쓴 글 중 가장 대표적이고 영향력 있는 글을 모아 엮은 책이다. 이 책을 단순히 대표적인 글을 모아놓은 책이라고 보는 것은 드러커의 수많은 저서(서른여덟 개의 글과 서른아홉 권의 책)의 다양성과 분량을 과소평가하게 만들 수 있다. 이 책은 리더십과 경영, 생산성, 효율성, 또 무엇보다 중요한 조직 내 인간관계와 집단관계에 대한 그의 생각과 교훈을 보여주는 유용한 창을 제공한다.

드러커의 발상은 놀라울 정도로 의미 있다. 그는 선견지명이 있었다. '지식노동자'의 급증 현상을 다룬 매우 설득력 있는 글에서 그는 20세기 말과 21세기 초에 조직 내에서 힘의 균형이 어떻게 움직일지, 조직의 구조, 관심, 목적이 어떻게 변할지를 매우 정확히 예견했다.

드러커의 글은 놀랄 만큼 폭이 넓다. 그는 특정한 경영 트렌드를 역사적인 문맥 속에서 이해한다. 예를 들어 서비스 동기와 지식노동자를 프레더릭 테일러(Frederick W. Taylor)와 카를 마르크스(Karl Marx)의 견해와 연동해 이해한다. 마찬가지로 조직 전략과 일본의 도로 체계, 계획된 상품의 노후화, 생산 활동에 기반을 둔 비용 예측, 정보통신 기술의 발전, 라이노타이프, 제2차 세계대전에 참전했던 지휘관들의 성격을 이야기한다.

하지만 드러커가 관리자나 경영진에게 무엇을 질문하는지를 이해하려면 사유의 넓이뿐 아니라 깊이에도 주목해야 한다. 대상에 대한 놀라운 거리 조절 능력, 종합적이고 큰 그림을 그리는 사유 능력을 세세하고 실질적인 요건과 연결하는 그의 성향에 주목해야 한다. 그는 주장을 펼칠 때 전체 사회와 그 사회에 속한 조직, 조직의 리더, 노동력을 구성하는 개개인을 모두 고려한다. 드러커가 이상적이라고 보는 '목표를 달성하는' 경영진은 거리 조절 역량이 있고, 곧 다가올 회의뿐 아니라 변화하는 세계경제, 직원 개개인의 동기부여와 생산성뿐 아니라 조직의 차세대 전략적 행동에도 관심이 있어야 한다. 경영진이 *모든 것*에 관심을 가져야 한다는 말은 아니다. 이는 효율적이지 못하다. 목표를 달성하려면 크고 작은 모든 중요한 일을 관리하는 훈련이 되어 있어야 한다.

드러커는 복잡한 사안을 단순명료하게 말하는 능력이 있었다. 그는 명언 제조기로 유명하다. 수많은 경영진이 40년 전이나 지금이나 똑같이 심금을 울리는 그의 간결하고 함축적인 말을 인용한다. "하지 않아도 될 일을 효율적으로 하는 것만큼 쓸모없는 것은 없다." "생산성은 노동자의 책임이 아니라 관리자의 책임이다." "단점을 바탕으로 성과를 쌓을 수 없다. 강점을 바탕으로만 성과를 낼 수 있다."

격언만 읽는 것은 드러커의 유용한 충고를 놓치는 일이다. 이런 이유로 당신이 진정으로 '목표를 달성하는' 경영진이 되는 데 도움을 줄 드러커의 글을 모아 이 책을 만들었다.

《목표를 달성하는 경영진의 비결What Makes an Effective Executive》에서 드러커는 카리스마는 리더십의 필요조건이 아니라고 주장한다. 그는 스스로 '무엇이 기업에 옳은 일인가'라는 질문을 던지는 것처럼 큰 그림을 보는 일에서 회의를 생산적으로 이끄는 근본적인 경영 기술에 이르기까지, 리더가 따라야 할 여덟 가지 실천 덕목을 이야기한다. 여덟 가지 실천 덕목은 경영진에게 필요한 지식을 전달하고, 그 지식을 행동으로 옮기며 전체 조직이 성공에 책임감을 느끼고 책임지게 한다.

《비즈니스 이론The Theory of the Business》에서는 '무엇을 해야 하는지', 혹자는 비즈니스 전략이라고 부르는 이론을 소개한다. 성공적인 기업이 왜 부진을 겪는지 질문하면서 조직의 우선순위와 목표를 변화하는 현실이나 세계와 맞추고, 목표를 달성하기 위해 경쟁력을 갖추는 것에 방향을 맞춘다.

드러커는《비즈니스 목표를 달성하는 경영Managing for Business Effectiveness》에서, 관리자의 가장 중요한 책임은 현재 이용할 수 있는 자원에서 가능한 한 최선의 경제적 결과를 얻으려 노력하는 것이라고 이야기한다. 이를 위해서는 효율성(efficiency)과 목표 달성 능력(effectiveness)을 구분해야 한다. 효율성은 최대한의 것을 얻는 것이고, 목표 달성 능력은 최선의 것을 얻는 것이다. 드러커는 가장 많은 수익(우리가 오늘날 보는 제품 다각화와는 대조적이다)을 내는 생산라인에만 초점을 맞추라고 한다. 그는 관리자가 잡동사니를 줄이겠다고 결심하는 데 필요한 세 단계를 제안한다. (여기서 드러커의 근시안적인 면모를 볼 수 있는 일례가 등장하는데, 그는 '나이가 많은데 결혼 못한 여성'과 '야간근무에서 청소 일을 하는 남성'을 업무에 가장 불평이 많은 사람이라고 언급했다.)

《목표를 달성하는 의사결정The Effective Decision》에서는 전체 조직에 영향을 미칠 의사결정에 경영진이 어떻게 접근해야 하는지를 설명한다. 드러커는 의사결정을 빨리 내리면 안 된다고 주장하는데, 속도가 아니라 실제 행동으로 옮길 수 있는지, 그리고 긍정적인 효과를 가져올 수 있는지가 더 중요하기 때문이다. 의사결정 과정은 이상적인 것과 실현 가능한 것, 조직 전체의 큰 목표와 실행 과정에서 생길 수 있는 위협과 일상적인 현실 사이에서 타협하는 것이다.

드러커는《어떻게 인사 결정을 내릴 것인가How to Make People Decisions》에서 "경영진은 무엇보다 사람을 관리하고 인사 결정을 내리는 데 많은 시간을 써야 한다"라고 강조한다. 제2차 세계대전 중 미국의 육군 참모총장이었던 조지 마셜(George C. Marshall)과 40년간 제너럴 모터스를 이끈 앨프리드 슬론(Alfred P. Sloan)의 사례를 자세히 살펴보면서 올바른 인사 결정을 내리기 위한 일반적인 원칙을 찾고, 그 과정을 서술한다. 이 책에서《자기경영Managing Oneself》에서 발전시켰던 생각의 근본이 된 (약점에 주목하기보다) '직원의 강점에 주목하라'는 주장을 살펴볼 수 있다. 앞서《목표를 달성하는 의사결정》에서는 실행 시 세심함이 필요하다고 했다. 전반적으로 드러커는 직원의 실패는 관리와 업무수행 방식, 업무를 누구에게 맡길지를 선택하는 데서 발생한다고 강조한다.

《그들은 직원이 아니라 사람이다They're Not Employees, They're People》에서는 개인과 조직 간의 업무수행 방식이 임시적이고 비인격적 방식으로 변화하는 것을 검토한다. 드러커가 주장하듯 "인재 개발이 비즈니스에서 가장 중요한 일"이라면 이 변화는 실제로 위험을 수반한다. 문화적 맥락에 관한 탐구에서 드러커는 고용 규정과 그 규정이 소규모 비즈니스에 미치는 영향, 지식노동 증가 등의 요인을 검토한다. 그는 기업의 리더들에게 어떤 식으로 진화하든 "지식노동자들에게 시스템이 도움이 되어야 한다"라고 경고한다.

이러한 주장은 드러커의 글 전반에서 수차례 나타나는데, 그는 노동자의 요구가 경영진의 요구만큼이나 전반적인 기업 시스템에서 필수적이라고 본다. 예를 들어, 산업화 이후 약 100년 동안 늘어난 경제 생산성은 필연적으로 제조와 운송의 증가에서 온 것이다. 하지만 20세기 말 더 많은 사람이 지식과 서비스산업에서 일하게 되었고, 드러커는 새로운 생산성 향상은 이 분야에서 일어날 것이라고 보았다. 그는 계급투쟁과 19세기 산업혁명의 문맥에서 이 문제를 다루었고,《생산성에 관한 새로운 도전The New Productivity Challenge》에서 이 문제를 상술한다. 드러커는 생산성을 높이기 위해서는 직원과 관리자 간의 파트너십이 필요하다고 결론짓는다.

비영리 기관은 기업의 리더들이 자주 언급하는 모범 사례가 아니다. 하지만 드러커는《기업은 비영리 기관에서 무엇을 배울 수 있는가What Business Can Learn from Nonprofits》에서 비영리 기관이 지식노동자의 동기와 생산성 측면에서 앞서고, 전략과 이사회의 효용성에서도 이익추구 기관보다 더 강력하다고 주장한다.

《새로운 조직 사회The New Society of Organizations》에서는 기업과 사회

전반의 관계를 정의한다. 기업의 유일한 책임은 경제적 성과라는 밀턴 프리드먼(Milton Friedman)의 의견에 반대하며, 드러커는 기업과 비영리 기관이 가장 큰 사회악을 해결하는 세상을 예견한다.

《자기경영》은 드러커의 경영 관련 저작 중 세간에 가장 큰 영향을 끼친 책이다. 경영진이나 관리자뿐 아니라 모든 직업군에 적용할 수 있는 자기경영은 아마도 간단한 자기반성을 다룬다는 점에서 영향력이 매우 크다. 아니면 강점과 약점에 관한 드러커의 탐구를 통해 놀랄 만한 자신의 참모습을 찾을 수 있기에, 혹은 강점과 약점을 인정하는 것이 새로운 방식으로 우리에게 권한을 부여하기에 영향력이 클 수 있다. 실제로 자기경영의 결과는 권한 부여다. 즉 커리어와 성공은 우리 손에 달려 있다.

드러커에 따르면, 목표 달성은 현재의 사업을 더 효율적으로 만드는 것이 아니라 '무엇이 필요한가?'라고 질문하는 데서 생겨난다. 이 질문은 경제 분야 전체가 자동화되더라도 매우 중요하다. 1963년 드러커는 "노동력을 절감해주는 기계가 너무나 증가하고 있지만 '생각을 줄여주거나 업무를 줄여주는' 기계는 아직 개발되지 않았다"라고 말했다. 무엇이 필요한가에 대한 질문의 답을 찾는 데 빅데이터와 빅데이터 분석이 도움을 주기 시작했다. 그럼에도 불구하고 신중하게 결정을 내리라는 드러커의 충고는 우리의 커리어, 조직, 사회에 여전히 의미 있다.

- 하버드 비즈니스 리뷰 편집부

1장

목표를 달성하는
경영진의 비결

피터 드러커의 경영을 읽다

.

.

.

목표 달성 능력이 있는 경영진(effectiveness executive)은 일반적인 의미의 리더일 필요가 없다. 예를 들어 해리 트루먼(Harry Truman)은 카리스마는 없지만, 미국 역사상 비즈니스 목표를 가장 크게 달성한 최고 경영자 중 한 명이었다. 지난 65년간 내가 커리어 컨설팅을 했던 최고의 기업가와 비영리 기관 최고 경영자 중에도 일반적인 리더가 아닌 이들이 있었다. 그들은 성격, 태도, 가치, 강점, 약점 면에서 전혀 달랐다. 그들은 외향적이거나 조용하거나 무던하거나 통제적이거나 관대하거나 매우 인색했다.

목표를 완수한 경영진은 여덟 가지 실천 덕목(practices)을 지켰다.

1. 그들은 '무엇을 완수해야 하는가?'라고 질문했다.
2. 그들은 '무엇이 기업에 옳은가?'라고 질문했다.
3. 그들은 실행 계획을 만들었다.

4. 그들은 의사결정에 책임을 졌다.

5. 그들은 의사소통에 책임을 졌다.

6. 그들은 문제보다 기회에 초점을 맞췄다.

7. 그들은 회의를 생산적으로 이끌었다.

8. 그들은 '나'보다 '우리'를 생각하고 말했다.

첫째, 둘째 실천 덕목은 경영진에게 필요한 지식을 제공했다. 셋째, 넷째, 다섯째, 여섯째 실천 덕목은 그 지식을 목표 달성 행위로 바꾸는 데 도움을 주었다. 일곱째, 여덟째 실천 덕목은 전체 조직이 책임감을 느끼게 했다.

## 필요한 지식을 얻다

첫 번째 실천 덕목은 '무엇을 완수해야 하는가'를 묻는 것이다. '나는 무엇을 하고 싶은가?'라는 질문이 아니라는 것을 명심해야 한다. '무엇을 완수해야 하는가'라고 묻는 것, 그리고 그 물음을 진지하게 받아들이는 것은 성공적인 경영에 매우 중요하다. 이 질문을 하지 못한다면 아무리 능력 있는 경영진이라도 원하는 목표를 달성하지 못한다.

1945년에 대통령이 되었을 때 트루먼은 자신이 무엇을 하고 싶은지 정확히 알고 있었다. 그는 제2차 세계대전으로 미뤄진 루스벨트의 뉴딜 정책인 경제개혁과 사회개혁을 완수하고자 했다. 하지만 '무엇을 완수해야 하는가'라는 질문을 던진 후, 그는 외교가 가장 최우선이라는 사실을 깨달았다. 업무 일정을 국무부와 국방부 장관으로부터 외교정책에 대한 설명을 듣는 것으로 시작했다. 그 결과, 그는 미국의 외교 분야에서 가장 목표 달성 능력이 뛰어난 대통령이 되었다. 유럽과 아시아에서 공산주의를 억제했고, 50년에 걸친 세계 경제성장의 시작을 이끌었다.

마찬가지로 잭 웰치(Jack Welch)는 최고 경영자가 되었을 때, 제너럴 일렉트릭(General Electric, GE)에 필요한 일이 자신이 원하던 해외 사업 확장이 아니라는 것을 깨달았다. 오히려 수익이 난다고 해도 해당 분야에서 선두를 달리지 못하는 GE의 비즈니스를 중단해야 했다.

'무엇을 완수해야 하는가?'라는 질문의 답은 하나 이상의 시급한 과제를 포함한다. 하지만 목표를 달성하는 경영진은 관심을 여러 군데로 분산시키지 않는다. 그들은 가능한 한 한 가지 과제에 집중한다. 만일 업무 속도 변화에 잘 적응하는 소수의 사람이라면 두 가지 과제를 한꺼번에 할 수도 있다. 하지만 나는 한 번에 두 개 이상의 과제와 씨름하면서 목표를 달성하는 경영진을 만나본 적이 없다. 따라서 목표를 달성하는 경영진은 '무엇을 완수해야 하는가'를 묻고 우선순위를 정하며 그 우선순위를 따른다. 최고 경영자의 가장 중요한 과제는 회사의 미션을 재정의하는 일일 것이다. 부서장의 최우선 과제는 부서와 본사와의 관계를 재정의하는 일일 것이다. 다른 과제들은 아무리 중요하고 흥미롭더라도 미루어야 한다. 하지만 최우선의 과제를 완수한 후에는 원래 우선순위 목록의 두 번째 과제로 넘어가는 것이 아니라 다시 우선순위를 정해야 한다. '지금 무엇을 완수해야 하는가'를 질문해야 한다. 그러면 보통 우선순위가 완전히 달라진다.

다시 미국에서 가장 유명한 최고 경영자 이야기로 돌아가보자. 자서전에 따르면, 잭 웰치는 5년마다 '지금 무엇을 완수해야 하는가?'를 질문했고, 매번 이전과는 다른 새로운 우선순위를 정했다고 한다.

웰치도 향후 5년간 어디에 노력을 집중할지를 결정하기 전에 다른 문제들을 생각했다. 그는 가장 중요한 두세 가지 과제 중 제일 잘할 수 있는 일이 무엇인지 질문했다. 그는 그 일에만 집중하고, 다른 일은 다른 사람에게 맡겼다. 목표를 달성하는 경영진은 자신이 특히 잘하는 일에 집중한다. 그들은 최고 경영진이 성과를 낼 때 기업이 성과를 낸다는 사실을 알고 있다.

첫 번째 실천 덕목만큼 중요한 목표를 달성하는 경영진의 두 번째 실천 덕목은 '무엇이 기업에 옳은가?'라고 질문한 것이다. 그들은 회사의 소유주, 주가, 직원, 경영진에게 무엇이 옳은지를 묻지 않는다. 물론 목표를 달성하려면 주주나 직원, 임원이 그 결정을 지지하거나 적어도 인정해야 하는 중요한 구성원이라는 사실을 안다. 그들은 주가수익비율이 자본비용을 결정하기 때문에 주가가 주주뿐 아니라 기업을 위해서도 중요하다는 사실도 안다. 그들은 기업에 옳지 않은 결정이 결국 그 누구에게도 옳지 않다는 사실도 안다.

두 번째 실천 덕목은 거의 모든 나라에서 가장 일반적인 기업

형태인 가족소유, 가족경영 기업의 경영진에게 더 중요하다. 특히 인사 결정을 내릴 때 더욱 중요하다. 성공적인 가족 기업에서는 가족 중 한 명이 승진하려면 같은 직급의 가족이 아닌 사람보다 월등히 나은 실력을 보여야 한다. 예를 들어 듀폰트(DuPont)는 가족 기업으로 운영 초기에 회계 담당자와 변호사를 제외한 모든 최고 관리자는 가족 구성원 중 한 명이었다. 창업자의 모든 남성 자손들은 가장 낮은 직급으로 입사한다. 신입에서 벗어나면 가족 구성원은 가족이 아닌 관리자로 구성된 임원진에게 같은 직급의 다른 직원에 비해 능력과 성과가 월등한지를 평가받은 후에 승진한다. 영국의 식료서비스 및 호텔 산업을 지배해온 성공적인 가족기업 라이언스 앤 컴퍼니(J. Lyons & Company)에서도 100년 동안 같은 원칙이 적용되었다.

'무엇이 기업에 옳은가?'라는 질문을 던진다고 해서 항상 옳은 결정을 내리는 것은 아니다. 가장 뛰어난 경영진도 인간이다. 따라서 실수하거나 편견을 가질 수 있다. 하지만 이 질문을 하지 않는 것은 실제로 *잘못된* 결정을 내리게 한다.


## 실행 계획을 만든다


경영진은 행동하는 사람이다. 그들은 실행한다. 지식은 행동으로 옮겨지기 전까지 경영진에게 쓸모가 없다. 하지만 행동으로 옮기기 전에 경영진은 자신의 방향을 계획해야 한다. 원하는 결과와 제약, 향후 수정, 점검 사항, 그리고 시간을 쓰는 방법이 미치는 영향에 관해 생각해야 한다.

우선 경영진은 '향후 18개월에서 24개월 사이에 회사가 나에게 기대하는 것이 무엇인가? 어떤 결과를 만들어야 하는가? 목표 기간이 언제인가?'를 질문하면서 원하는 결과를 정의한다. 그다음 '이런 행동이 도덕적인가? 조직 내에서 받아들여질 수 있는가? 법적으로 타당한가? 조직의 미션과 가치, 정책과 양립 가능한가?' 등 실행 시의 제약을 고려한다. 이런 질문의 답이 긍정적이라고 해서 행동이 반드시 목표를 달성할 것이라고 기대할 수는 없다. 하지만 이런 제약을 위반하는 것은 잘못된 일이고 목표 달성에 효과적이지도 않다.

실행 계획은 약속보다는 의도에 관한 진술이다. 경직되어서는 안 된다. 모든 성공과 실패가 새로운 기회를 만들기 때문에 쉽게 수정될 수 있어야 한다. 비즈니스 환경이나 시장, 특히 기업 내 사람들의 변화도 마찬가지다. 이 모든 변화에는 계획 변경이 필요하다. 서면상의 계획도 융통성이 필요하다.

또한 실행 계획에서는 기대치 대비 결과를 확인할 수 있는 시스템을 만들어야 한다. 목표를 달성하는 경영진은 보통 실행 방안에 두 개 정도의 점검 사항을 구비한다. 첫 번째 점검은 시간상으로 계획의 중간 정도에서 이루어진다(예를 들어, 9개월 차에 한다). 두 번째 점검은 다음 실행 방안이 만들어지기 전인 계획의 마지막에 이루어진다.

최종적으로 실행 계획은 경영자가 시간을 관리하는 데 있어 기본이 되어야 한다. 경영진에게 시간은 가장 부족하고 중요한 자원이다. 정부 기관이든 기업이든 비영리 기관이든 모든 조직에는 시간을 허비하는 사람들이 있다. 경영진이 시간 사용 결정 권한이 없다면 실행 계획은 쓸모가 없을 것이다.

나폴레옹에 따르면, 성공적인 전투에는 항상 계획을 세우는 장군이 있다고 한다. 나폴레옹은 이전의 다른 어떤 장군보다 훨씬 더 꼼꼼하게 모든 전투의 계획을 세웠다고 한다. 실행 계획이 없으면 경영진은 상황의 포로가 되고 만다. 그리고 계획을 다시 검토할 수 있는 점검 사항을 만들지 않는다면, 어떤 상황이 실제로 중요하고 또 중요하지 않은지 알 방법이 없다.


# 행동한다

계획을 행동으로 옮길 때 경영진은 의사결정, 소통, (문제점과 반대되는) 기회, 회의에 주목해야 한다. 하나씩 살펴보자.

### 의사결정에 책임진다
우리는 다음의 사항을 확인한 후 결정을 내린다.

- 실행자의 이름
- 마감기한
- 결정에 영향을 받을 사람, 그 결정을 알고 이해하고 인정하며 적

어도 완강하게 반대하지 않는 사람의 이름

- 직접 영향을 받지 않지만, 결정을 알려야 하는 사람의 이름

위 사항을 확인하지 않아서 놀랄 만큼 많은 조직이 의사결정 문제에 부닥친다. 30년 전 고객 중 한 명이 빠르게 성장하던 일본 시장에서 일인자의 자리를 잃었다. 새로운 일본 파트너와 합작투자를 하기로 한 후, 파트너가 피트나 파운드 대신 미터와 킬로그램 단위로 명세서를 작성했다는 사실을 누가 구매대행사에 알려줄지 확실히 하지 않았고, 아무도 그 정보를 전달하지 않았기 때문이다.

애초에 정해둔 시간에 주기적으로 결정을 검토하는 것은 중요하다. 그러면 실제 손해가 발생하기 전에 잘못된 결정을 바로잡을 수 있다. 결과뿐 아니라 결정의 기본이 되는 추정까지 모두 검토해야 한다.

검토는 결정 중 가장 중요하고 어려운 결정, 즉 사람을 고용하거나 승진시키는 결정에서 특히 중요하다. 실제로 인사 결정 중 3분의 1만이 성공적이라는 연구 결과가 있다. 3분의 1은 성공은 아니지만 그렇다고 완전한 실패도 아니다. 나머지 3분의 1은 완전한 실패다. 목표를 달성하는 경영진은 이를 알고 (6개월에서 9개월 후에) 인사 결정 결과를 확인한다. 인사 결정이 원하는 결과를 가져오지 못해도 그 사람이 성과를 내지 못했다고 결론짓지 않는다. 오히려 자신이 실수했다고 결론을 내린다. 훌륭한 경영진이 운영하는 기업은 새로운 일, 특히 승진해서 새로운 일을 한 사람이 실패해도 그를

비난하지 않는다.

경영진은 중요한 업무에서 개인이 성과를 내지 못하면 조직이나 동료가 용납하지 못하는 역할을 하게 만든다. 성과를 내지 못한 것이 직원 개인의 잘못은 아닐지 모르지만, 그들은 물러나야 한다. 새로운 업무를 제대로 해내지 못하는 사람에게는 이전 직급이나 연봉으로 돌아갈 수 있는 선택권을 주어야 한다. 공교롭게도 이 선택권은 거의 사용되지 않는다. 일반적으로 성과를 내지 못한 직원은 자발적으로 회사를 떠나는데, 미국 회사가 고용주면 특히 그렇다. 하지만 선택권이 존재한다는 사실은 강력한 영향력을 가지며 사람들이 안전하고 편안한 업무를 떠나 위험한 새로운 업무를 맡도록 격려한다. 조직의 성과는 그 기회를 잡아보려는 직원의 의지에 달려 있다.

체계적인 의사결정 검토는 자기계발의 강력한 수단이 될 수 있다. 기대치 대비 결정의 결과를 확인하는 것은 경영진이 자신의 강점이 무엇인지, 어느 부분을 개선해야 하는지, 어느 부분에서 지식이나 정보가 부족한지를 보여준다. 또한 자신이 어떤 편견을 가졌는지도 보여준다. 종종 업무에 적절한 사람을 배치하지 않아서 자신이 내린 의사결정이 원하는 결과를 가져오지 못했다는 사실도 알려준다. 적재적소에 사람을 쓰는 일은 중요하면서도 어려운 일인데, 최고의 인재들은 이미 바쁘기 때문이다. 체계적인 의사결정 검토는 경영진이 자신의 약점, 특히 무능한 부분이 어디인지를 보여준다. 이 부분에서 현명한 경영진은 의사결정을 내리지 않는다. 그들은 다른 사람에게 그 부분을 맡긴다. 모든 사람에게는 그런 면이 있다. 모든 면에서 뛰어난 경영 천재는 없다.

의사결정에 관한 논의는 대부분 높은 직급의 경영진만 의사결정을 내린다거나 그들의 의사결정만 중요하다고 가정한다. 이는 위험한 실수이다. 개별 전문가에서 최전선의 감독관에 이르기까지, 조직의 모든 직급의 조직 구성원이 의사결정을 내린다. 직급이 낮은 조직원의 의사결정은 지식기반 조직에서는 매우 중요하다. 지식노동자는 특화 분야, 예를 들어 세무회계 분야에서는 누구보다 전문적인 지식을 갖고 있으므로, 그들의 결정이 회사 전체에 영향을 미칠 수 있다. 올바른 결정을 내리는 것은 모든 직급에서 중요한 기술이다. 지식기반 조직에서는 모든 사람이 결정하는 방법을 확실히 배워야 한다.

### 의사소통을 책임진다

목표를 달성하는 경영진은 자신의 실행 계획과 필요한 정보가 이해되어야 한다는 사실을 알고 있다. 구체적으로 이는 상사, 동료, 부하 직원 등 모든 동료와 계획을 공유하고 그들의 의견을 구해야 함을 의미한다. 동시에 모든 사람이 그 일을 하려면 어떤 정보가 필요한지 알게 해야 한다. 보통 부하 직원이 상사에게 주는 정보의 흐름에 가장 주목한다. 하지만 경영진은 동료나 상사가 필요로 하는 정보에도 똑같이 관심을 가져야 한다.

우리는 모두 1938년 나온 체스터 바너드(Chester Barnard)의 고전 《경영자의 역할The Functions of the Executive》덕분에 조직이 소유권이나 명령이 아니라, 정보에 따라 단결한다는 사실을 알고 있다. 여전히 너무나 많은 경영진이 정보와 정보의 흐름이 전문가, 예를 들어 회계사의 일이라고 여긴다. 그 결과, 그들은 필요하지 않은 엄청난 양의 데이터를 받아 사용하지 못하고, 정작 필요한 정보를 거의 얻지 못한다. 이 문제를 피할 수 있는 최선은 각 경영진이 필요한 정보를 확인하고 요구하며, 그 정보를 얻을 때까지 계속 밀어붙이는 것이다.

### 기회에 초점을 맞춘다

훌륭한 경영진은 문제가 아니라 기회에 초점을 맞춘다. 물론 문제는 해결해야 한다. 모른 척 묻어두면 안 된다. 하지만 아무리 필요하다고 해도 문제 해결은 결과를 만들지 못한다. 손해를 막을 뿐이다. 기회를 활용해야 결과를 얻을 수 있다.

무엇보다 목표를 달성하는 경영진은 변화를 위협이 아니라 기회로 본다. 그들은 체계적으로 기업 내부와 외부의 변화를 바라보고 '이 변화를 회사를 위해 어떻게 활용할 수 있을까?'를 질문한다. 구체적으로 경영진은 기회를 얻기 위해 다음의 일곱 가지 상황을 검토한다.

1. 몸담은 기업이나 경쟁사, 혹은 업계의 예상치 못한 성공과 실패
2. 시장, 프로세스, 제품, 서비스에서 존재하거나 존재할 수 있는 차이 (예를 들어 19세기 종이 산업은 목재펄프로 사용할 수 있는 10퍼센트 나무에만 관심을 가졌지, 폐기될 나머지 90퍼센트에는 관심을 두지 않았다.)
3. 프로세스·제품·서비스의 혁신, 기업·산업 내부·산업 외부의 혁신

4. 산업 구조나 시장 구조의 변화

5. 인구통계

6. 마음가짐, 가치, 인식, 분위기, 의미의 변화

7. 새로운 지식이나 기술


목표를 달성하는 경영진은 문제가 기회를 압도하지 않게 만든다. 많은 회사의 월간 경영보고서 첫 장에는 주요 문제점이 나열되어 있다. 첫 번째 장에 기회를 적고, 두 번째 장에 문제점을 적는 것이 훨씬 현명하다. 실제로 재앙 같은 상황이 아니라면, 기회를 분석하고 다룰 때까지 문제점은 경영 회의에서 논의하지 않는다.

인사관리도 주목해야 할 중요한 기회 중 하나다. 목표를 달성하는 경영진은 최고의 인재를 문제 해결이 아니라 기회를 잡는 데 활용한다. 기회를 얻기 위한 인사관리 방법의 하나는 경영자 그룹에 6개월마다 두 개의 목록, 즉 회사 전체의 기회 목록과 최고의 실적을 내는 직원의 목록을 준비시키는 것이다. 이 목록에 대해 논의하고, 두 개의 종합 목록을 만들고 나면, 최고의 인재를 최고의 기회와 연결할 수 있다. 일본의 경우, 대기업이나 정부 기관의 인사과에서 이런 업무를 주요하게 담당한다. 이런 관행이 일본 기업의 핵심 강점 중 하나다.


### 회의를 생산적으로 이끈다

제2차 세계대전과 그 이후, 미국에서 가장 눈에 띄고 강력하며 목표 달성 능력이 뛰어난 비정부 기관의 경영진은 사업가가 아니었다. 그 주인공은 프랜시스 스펠먼(Francis Spellman) 추기경으로, 그는 뉴욕 가톨릭 대교구의 수장이자 미국 대통령들의 조언자였다. 스펠먼이 대교구를 인수했을 때, 뉴욕 대교구는 파산 상태에 완전히 사기가 꺾여 있었다. 하지만 그의 후임자는 미국 가톨릭교회 중에서 리더의 자리를 넘겨받았다. 스펠먼은 하루 중 깨어 있는 동안, 단 두 번의 25분만이 혼자 있는 시간이라고 말했다. 아침에 일어나 개인 채플 미사를 드릴 때와 잠자리에 들기 전 저녁 기도를 드릴 때였다. 그 외 시간에는 가톨릭 조직과 아침 식사를 시작으로 다른 조직과 저녁 식사하는 것으로 하루를 마감할 때까지 항상 사람들과 만났다.

최고의 경영진은 주요 가톨릭 대교구 대주교만큼 일에 매여 있지 않다. 하지만 경영진의 일상에 관한 모든 연구에 따르면, 주니어 직급의 경영진이나 전문가도 하루의 절반 이상을 회의 등 다른 사람과의 만남에 쓰고 있다. 수석 연구원만이 유일한 예외였다. 한 명과의 대화도 회의라고 할 수 있다. 따라서 목표를 달성하려면 경영진은 회의를 생산적으로 만들어야 한다. 회의가 잡담 시간이 아니라 일하는 시간이 되도록 만들어야 한다.

회의를 효과적으로 이끄는 핵심은 어떤 종류의 회의를 할지 미리 결정하는 것이다. 서로 다른 회의는 다른 형태의 준비와 결과를 필요로 한다.


- *진술서나 발표문, 보도자료를 준비해야 하는 회의*
이 회의가 생산적이 되려면 참석자 한 명이 미리 원고 초안을 준비해야 한다. 회의 마지막에 미리 정한 참석자가 최종본을 사람들에게 배포하는 책임을 맡는다.

- *발표문을 만들어야 하는 회의*

예를 들어 조직 개편 회의에서는 오직 발표문에 있는 내용만을 논의한다.

- *한 참석자가 보고하는 회의*

보고서 내용만 논의한다.

- *일부 혹은 모든 참석자가 보고하는 회의*

아예 논의하지 않거나 확인용 질문만 한다. 아니면 보고서마다 모든 참석자가 질문할 수 있는 짧은 논의 시간을 갖는다. 이 형식의 회의일 경우, 보고서는 회의 전에 모든 참석자에게 배포하고, 각 보고서에 제한된 시간을 할당한다(예를 들어, 15분 정도 할당한다).

- *경영진에게 정보를 전달하는 회의*

경영진은 듣고 질문해야 한다. 내용을 요약하는 정도로 관여하고, 발표는 하지 않는다.

- *경영진이 들어오는 회의에 참석한다는 것에 오직 의미가 있는 회의*

예컨대 스펠먼 추기경의 아침 식사와 저녁 식사 회의다. 이런 회의를 생산적으로 만드는 방법은 없다. 어쩔 수 없이 참석해야 한다. 높은 직급의 경영진은 업무 시간을 잡아먹기만 하는 그런 회의를 사전에 방지해야 경영 목표를 달성할 수 있다. 예를 들어 스펠먼은 아침 식사와 저녁 식사 시간으로 회의 시간을 제한했다.

회의를 생산적으로 만들려면 상당한 자기훈련이 필요하다. 경영진은 어떤 종류의 회의가 적절한지 결정하고, 그 형식을 고수해야 한다. 또한 회의의 구체적인 목적을 달성하면 바로 회의를 끝내야 한다. 훌륭한 경영진은 다른 문제를 제기하지 않는다. 요약하고 회의를 끝낸다.

회의 후 팔로업(후속 조치)은 회의만큼이나 중요하다. 앨프리드 슬론은 내가 만난 목표 달성의 귀재로 팔로업의 대가였다. 그는 1920~1950년대에 제너럴 모터스를 이끌면서 일주일에 약 6일을 회의를 하며 보냈다. 3일은 정해진 참석자들과 공식적인 회의를 했고, 나머지 3일은 개개 임원이나 작은 그룹의 임원과 즉석에서 회의했다. 공식적인 회의는 회의의 목적을 발표하는 것으로 시작했다. 그는 조직원들의 이야기를 들었다. 절대로 메모하지 않았고, 불확실한 점을 명확히 할 때 빼고는 거의 말을 하지 않았다. 회의 마지막에 요약하고, 참석자들에게 감사 인사를 한 후 회의장을 떠났다. 그다음 바로 참석자 중 한 명에게 짧은 메모를 써서 보냈다. 메모에는 논의한 내용과 결론, 결정된 과제 분담(해당 주제에 대한 추가적인 회의나 이슈 연구 포함)이 요약되어 있었다. 마감기한과 누가 어떤 과제를 책임져야 하는지를 명시했다. 또한 회의에 참석했던 모든 사람에게 메모를 전달했다. 이 메모를 통해 슬론은 독보적으로 경영 목표를 달성하는 경영자가 되었다.

목표 달성 능력이 있는 경영진은 모든 회의가 생산적이거나 아니면 완전한 시간 낭비라는 사실을 알고 있다.

# '우리'를 생각하고 말한다

마지막은 '나'가 아니라 '우리'를 생각하고 말하는 것이다. 목표를 달성하는 경영진은 궁극적인 책임은 자신에게 있고, 책임은 공유될 수도 맡길 수도 없다는 사실을 알고 있다. 그들은 조직의 신뢰를 받고 있으므로 권한을 갖는다. 이는 자신의 필요나 기회를 생각하기 전에 조직의 필요나 기회를 생각해야 함을 의미한다. 단순하게 들릴 수 있지만 그렇지 않다. 이는 엄격하게 지켜져야 한다.

지금까지 목표를 달성하는 경영진의 여덟 가지 실천 덕목을 살펴보았다. 보너스로 한 가지를 더 알려주고자 한다. 매우 중요하기 때문에 원칙이라고 부르고 싶다. 우선 상대방의 말을 듣고, 그다음에 마지막으로 말하라는 것이다.

목표를 달성하는 경영진은 성격, 강점, 약점, 가치, 믿음 면에서 매우 다르지만, 한 가지 공통점이 있다. 바로 옳은 일을 한다는 점이다. 어떤 사람은 목표 달성 능력을 선천적으로 가지고 태어난다. 하지만 특별한 재능을 가진 사람은 더 큰 요구를 만족시켜야 한다. 훈련을 통해 목적 달성 능력을 가질 수 있다. 다른 모든 훈련과 마찬가지로 목표 달성 능력도 배움을 통해 얻을 수 있다.

(초판 2004년 6월 발행, 재인쇄)

## 핵심 포인트

당신은 타고난 리더가 아닌 자신을 자책하고 있는가? 카리스마, 재능, 비밀스러운 요건이 부족하다고 생각하는가? 그럴 필요 없다. 리더십은 성격이나 재능이 아니다. 실제로 최고의 리더는 성격이나 태도, 가치, 강점 면에서 다르다. 그들은 외향적일 수도 있고 조용할 수도 있으며, 편안한 타입일 수도 있고, 통제하려는 타입일 수도 있으며, 관대할 수도 인색할 수도 있고, 숫자를 중시할 수도 있으며, 비전을 중시할 수도 있다.

그렇다면 목표를 달성하는 리더는 어떤 공통점을 갖고 있을까? 그들은 올바를 일을 올바른 방식으로 하는데, 이를 위해 다음의 여덟 가지 원칙을 따른다.

1. 무엇을 완수해야 하는지 묻는다.
2. 무엇이 기업에 옳은지 묻는다.
3. 실행 계획을 만든다.
4. 의사결정에 책임진다.
5. 의사소통에 책임진다.
6. 문제보다 기회에 초점을 맞춘다.
7. 회의를 생산적으로 이끈다.
8. '나'가 아닌 '우리'를 생각하고 말한다.

리더인 당신이 이 원칙들을 적용하려고 노력해보라. 당신은 현명한 결정을 내리고, 지식을 목표를 달성하는 실행 방안으로 바꾸며, 조직원 전체가 책임감을 갖는 데 필요한 지식을 얻게 될 것이다.

# 핵심 실천 전략

## 필요한 지식을 얻는다

**무엇을 완수해야 하는지 질문한다.** 잭 웰치는 제너럴 일렉트릭의 최고 경영자가 되었을 때, 무엇을 완수해야 하는지를 물었다. 자신이 생각했던 해외 사업 확장이 아니라 해당 산업에서 선두를 달리지 못할 비즈니스를 과감히 포기하는 것이 중요하다는 사실을 깨달았다. 무엇을 해야 하는지 아는 리더는 자신이 가장 잘하는 일을 파악하고 한 번에 한 가지 일에 집중한다. 과제를 완수하면 새로운 상황에 맞춰 우선순위를 새로 정한다.

무엇이 기업에 옳은지 질문한다. 소유주나 투자자, 직원, 고객에게 무엇이 최선인지를 고민하지 않는다. 기업에 옳은 결정은 결국 모든 관련자를 위한 옳은 결정이다.

## 지식을 실행으로 옮긴다

**실행 계획을 만든다.** 원하는 결과와 제약(이 방안이 회사의 미션과 가치, 정책에 맞고 법적으로 문제가 없는가?)을 구체적으로 보여주는 계획을 세운다. 시간을 어떻게 활용할지를 점검하고, 그 시간 활용의 영향력을 포함시킨다. 새로운 기회를 반영하기 위해 계획을 수정한다.

**의사결정에 책임진다.** 모든 결정에 있어 누가 실행할지, 언제 실행할지, 실행했을 때 영향을 받을 사람이 누구일지, 누구에게 알려야 할지를 구체적으로 명시한다. 정기적으로 결정을 검토하고, 특히 직원을 고용하거나 승진시킬 때 반드시 검토한다. 그러면 실제 손해가 발생하기 전에 잘못된 결정을 수정할 수 있다.

**의사소통에 책임진다.** 실행 계획에 대해 상사와 동료, 부하 직원의 의견을 듣는다. 각자에게 당신이 일을 완수하려면 어떤 정보가 필요한지를 알린다. 동료와 상사의 정보에 똑같이 집중한다.

**문제가 아니라 기회에 초점을 맞춘다.** 문제를 해결해서가 아니라 기회를 활용해야 결과를 얻을 수 있다. 조직 내부와 외부의 변화(신기술, 제품 혁신, 새로운 시장 구조)를 파악하고 '기업이 이익을 얻으려면 이 변화를 어떻게 활용할 것인가?'라고 질문한다. 그리고 가장 좋은 기회에 최고의 인재를 배치한다.

### 모두가 책임감을 느끼게 한다

**회의를 생산적으로 이끈다.** 각 회의의 목적을 명확히 한다(공지할 것인가? 보고서를 전달할 것인가?). 목적을 달성하면 회의를 끝낸다. 논의된 내용을 요약하고 새로운 업무 분배, 마감기한에 대한 짧은 노트를 작성해서 돌린다. GM의 최고 경영자 앨프리드 슬론의 전설적인 회의록은 GM이 20세기 중반까지 업계 우위를 지키는 데 크게 공헌했다.

**'나'가 아니라 '우리'를 생각하고 말한다.** 권위는 당신을 신뢰하는 조직에서 나온다. 최선의 결과를 얻기 위해서는 항상 자신보다 조직의 요구와 기회를 고려해야 한다.

2장

# 비즈니스 이론

피터 드러커의 경영을 읽다

·

·

·

아주 오래전 일이 아니다. 1940년대 말이나 1950년대 초였을 것이다. 그때부터 오늘날만큼 많은 새로운 경영 기법들이 등장했다. 다운사이징, 아웃소싱, 전사적 품질경영, 경제적 가치 분석, 벤치마킹, 리엔지니어링(구조조정), 모두 강력한 경영 기법이다. 하지만 아웃소싱과 구조조정을 제외한 다른 경영 기법은 이미 해온 것과는 다른 방식을 수행하도록 고안되었다. 바로 '어떻게 할 것인가'에 관한 방식인 것이다.

하지만 '무엇을 할 것인가'가 경영진, 특히 장기간 성공을 거둔 대기업 경영진에게 점점 더 중요한 문제가 되고 있다. 잘나가던 회사가 하루아침에 부진을 겪고 좌절하며 어려움에 빠지고 관리할 수 없는 위기에 처한다는 것은 상당히 익숙한 이야기다. 이 현상은 결코 미국에만 국한된 것이 아니다. 일본, 독일, 네덜란드, 프랑스, 이탈리아, 스웨덴에서도 비슷한 일이 생겼다. 또한 기업만이 아니라 노동조합, 정부 기관, 병원, 박물관, 교회에서도 비슷한 일이 발생했다. 사실 이 분야는 더 힘든 것 같다.

이 위기의 근본 원인은 일을 잘못했기 때문이 아니다. 잘못된 일을 했기 때문도 아니다. 옳은 일을 했지만, 성과가 없는 경우가 대부분이다. 이런 역설적인 상황이 왜 발생하는 것일까? 조직의 근본 운영 지침과 그에 따른 가정이 이제는 현실에 맞지 않기 때문이다. 이는 조직의 태도를 형성하고, 무엇을 하고 하지 않을지에 관한 결정에 영향을 미치며, 조직이 의미 있다고 생각하는 결과를 정의하는 가정이다. 이런 가정은 시장에 관한 것이다. 고객과 경쟁자, 그들의 가치와 태도를 알게 해주는 가정이다. 기술과 역학 관계, 회사의 강점과 약점에 대한 가정이다. 회사가 돈을 벌게 해주는 가정이다. 나는 이 가정을 회사의 *비즈니스 이론*이라고 부른다.

모든 조직은 (회사든 아니든) 비즈니스 이론을 갖고 있다. 실제로 명확하고 일관되며 집약된 이론은 엄청나게 강력하다. 예를 들어, 1809년에 독일의 정치가이자 학자였던 카를 빌헬름 훔볼트(Karl Wilhelm Humboldt) 남작은 급진적일 만큼 새로운 이론을 바탕으로 베를린 대학교를 세웠다. 그리고 히틀러가 등장할 때까지 100여 년 동안 그의 이론은 학문과 과학적 연구를 통해 독일 대학을 대표했다. 1879년 건축가이자 최초의 유니버설 은행(은행 업무와 증권 업무를 겸하는 은행)인 도이치뱅크(Deutsche Bank)의 첫 최고 경영자였던 게오르그 지멘스(Georg Siemens)는 명확한 비즈니스 이론을 갖고 있었다. 여전히 농업에 집중하며 분열 상태에 있는 독일을 산업 개발을 통해 하나로 통합해야 하는데, 이를 위해 기업의 자금을 사용하자는 것이었다. 설립 후 20년 만에 도이치뱅크는 유럽 최고의 금융기관이 되었고, 두 번의 세계대전과 인플레이션, 히틀러의 영향에도 불구하고 오늘날까지 여전히 건재하다. 1870년대에 미쓰비시(Mitsubishi)는 10년 이내에 일본에서 일등이 되고, 이후 20년 이내에 최초의 진정한 세계적 기업이 된다는 명확하고 완전히 새로운 비즈니스 이론을 바탕으로 설립되었다.

비즈니스 이론은 20세기 후반 미국 경제를 지배한 제너럴 모터스와 IBM의 성공과 그들이 마주한 도전을 설명한다. 전 세계 수많은 성공적인 큰 조직들이 현재 겪고 있는 문제는 그들의 비즈니스 이론이 더는 통하지 않는다는 점이다.

\* \* \* \* \*

사람들은 (특히 오랜 기간 성공을 거둔) 대규모 조직이 부진을 겪는 이유로 나태함, 안도, 거만함, 거대한 관료체제를 꼽는다. 그럴듯한 이유인가? 그렇다. 하지만 관련이 있거나 정확한 이유는 아니다. 최근 어려움을 겪은 미국의 대기업 중 가장 눈에 띄고 '거만한 관료체제'라고 매도된 두 기업의 경우를 살펴보자.

컴퓨터가 등장한 초기부터 컴퓨터에 대한 IBM의 믿음을 다룬 기사가 있었다. IBM은 컴퓨터가 전기와 같은 길을 가게 될 것이라고 믿었다. IBM은 미래가 수많은 사람이 사용하게 될 그 어떤 것보다 강력한 메인프레임 컴퓨터에 있다는 사실을 알았고, 이를 과학적으로 증명할 수 있다고 생각했다. 경제나 정보의 논리, 기술을 포함한 모든 것이 그런 결론으로 이끌었다. 그리고 두 명의 젊은이가 최초의 개인용 컴퓨터(Personal Computer, PC)를 만들면서 메인프레임 기반의 정보시스템이 실존하게 되었다. 모든 컴퓨터 제조업체는 PC가 터무니없다고 생각했다. 그도 그런 것이 PC에는 메모리, 데이터베이스, 속도, 성공에 필요한 계산능력이 없었다. 실제로 모든 컴퓨터 제조업체는 PC가 실패하리라 예상했다. 실제로 제록스(Xerox)는 몇 년 앞서 최초의 PC를 만들었다. 하지만 잘못 태어난 그 흉물 덩어리가(처음엔 애플에서 그다음 매킨토시에서 나왔다) 시장에 나오자 사람들은 그것을 사랑했을 뿐 아니라 구매했다.

역사상 성공한 모든 대기업은 예상 밖의 놀라운 일이 생겼을 때 그것을 인정하지 않으려 한다. IBM이 100년 후 컴퓨터 시장의 선두주자가 된 것과 마찬가지로, 1888년 코닥(Kodak)의 새로운 휴대용 카메라 브라우니(Brownie)를 보고, 당시 전 세계 사진 시장을 지배하던 독일 회사 자이스(Zeiss)의 최고 경영자는 "어리석은 유행이고 3년 이내에 시들해질 것이다"라고 말했다. 대부분의 메인프레임 컴퓨터 제조업체도 비슷한 반응을 보였다. 그런 회사들을 목록으로 작성하면 상당히 길다. 예를 들면 미국의 컨트롤 데이터(Control Data), 유니백(Univac), 버로우스(Burroughs), NCR, 유럽의 지멘스, 닉스도르프(Nixdorf), 머신불(Machines Bull), ICL, 일본의 히타치(Hitachi)와 후지쓰(Fujitsu)가 포함된다. 매출이 다른 모든 컴퓨터 제조업체를 합친 것만큼 많았고, 기록적인 수익을 내던 메인프레임 컴퓨터 업계 지배자인 IBM도 비슷한 반응을 보였다(실제로 그런 반응을 보였어야 했다). 하지만 IBM은 바로 PC를 새로운 현실로 받아들였다. 거의 하룻밤 사이에 IBM은 이미 증명된 정책과 원칙을 버리고, 더 간편한 PC를 만들기 위해 두 개의 팀을 새로 만들었다. 몇 년 후 IBM은 세계에서 가장 큰 PC 제조업체가 되었고, 업계의 기준을 세웠다.

비즈니스 역사상 이런 업적을 달성한 전례는 없다. IBM에 관료체제, 나태함, 거만함은 없었다. 전례 없는 유연성과 민첩함, 겸손함에도 IBM은 몇 년 후 메인프레임 컴퓨터와 PC 비즈니스 모두에서 어려움을 겪었다. 변화에 맞춰 움직이거나 결단력 있는 행동을 하지 못했던 것이다.

GM도 비슷하게 복잡하다. 주요 비즈니스인 자동차 부분이 무능해진 것처럼 보이던 1980년대 초반에 GM은 휴즈 일렉트로닉스(Hughes Electronics)와 로스 페롯의 일렉트로닉 데이터 시스템(Ross Perot's Electronic Data Systems)을 인수했다. 분석가들은 두 회사가 이미 성숙했고, 너무 비싸게 매입했다고 비난했다. 하지만 얼마 지나지 않아 GM은 성숙한 일렉트로닉 데이터 시스템(EDS)에서 세 배나 많은 수입과 이익을 얻었다. 그리고 10년이 지나 1994년 EDS는 GM이 지불했던 것보다 시장가치가 여섯 배 증가했고, 원래 수입과 이익보다 열 배나 많은 이익을 거두었다.

GM은 방위 산업이 무너지기 직전에 규모는 컸지만, 수익을 내지 못하던 방위사업 회사 휴즈 일렉트로닉스도 매수했다. GM의 경영 아래 휴즈의 방위 수익은 증가했고, 비방위 산업으로 성공적으로 옮겨간 유일한 대형 방위 산업체가 되었다. 놀랍게도 30년간 다른 회사나 회계 경리 부서 이외에서는 일한 적이 없고, 자동차 비즈니스에서는 성과를 내지 못하던 회계 직원들이 놀라운 결과를 만들었다. 두 인수합병 과정에서 GM은 단순히 실행해오던 정책, 관행, 절차를 적용했을 뿐이다.

GM에서는 잘 알려진 이야기다. 80년 전 합병을 통해 만들어진 이 회사의 핵심 경쟁력은 뷰익(Buick)과 AC 스파크 플러그(AC Spark Plug), 피셔 바디(Fisher Body) 같은 성과는 좋지만 이미 성숙한 비즈니스를 '돈을 많이 내고' 인수하는 것이었다. 그 회사들은 세계 최고의 기업이 되었다. 인수합병에 있어 GM만큼 성공을 거둔 회사는 없다. GM이 관료적이고 나태하며 거만했다면, 그런 성과를 거두지 못했을 것이다. 하지만 생소한 비즈니스에서 아름다운 성공을 거둔 GM도 비참할 정도의 실패를 겪게 된다.

＊＊＊＊＊

IBM과 GM에서 수십 년간 성과를 낸 정책, 관행, 태도가, 특히 GM이 이전과는 다른 새로운 일에 적용했을 때 효과가 있던 방법들이 왜 더는 성공하지 못한 걸까? 각 조직이 실제 마주한 현실이 그들이 생각하던 현실과는 아주 다르게 변했기 때문이다. 다시 말해 현실은 변했지만, 비즈니스 이론은 변하지 않았기 때문이다.

PC라는 새로운 현실에 재빠르게 대응하기 전에 IBM은 회사의 기본 전략을 하룻밤 사이에 바꾸었다. 1950년 전 세계를 주름 잡던 컴퓨터 회사 유니백은 최초로 다목적 컴퓨터로 제작된 신제품을 선보였다. 기존의 모든 디자인은 단일 목적을 위한 것이었다. 1930년대와 1946년 선보인 IBM 이전 두 종류의 컴퓨터도 마찬가지로 천문학적인 계산만 할 수 있었다. 1950년 IBM이 준비한 컴퓨터도 캐나다의 북극지방에 있는 세이지 방공시스템을 위해 만든 것으로, 적군의 항공기를 초기에 확인한다는 한 가지 목적을 위해 만든 것이었다. IBM은 곧 발전된 단일 목적 컴퓨터 개발 계획을 접고, 최고의 엔지니어들에게 유니백 아키텍처를 완벽하게 만들게 함으로써 (손으로 만드는 것이 아니라) 제조 생산할 수 있고, 서비스할 수 있는 최초의 다목적 컴퓨터를 디자인했다. 3년 후 IBM은 세계 1위의 컴퓨터 제조업체이자 컴퓨터 업계의 기준이 되었다. IBM은 컴퓨터를 창조하지 않았다. 하지만 1950년대에 유연성, 속도, 겸손함을 바탕으로 컴퓨터 산업을 창조했다.

그러나 1950년대 IBM이 시장을 선도하는 데 도움을 주었던 그 가정이 30년 후에는 실패의 원인이 되었다. 1970년대에도 IBM은 1940년대와 마찬가지로 '컴퓨터'라는 것이 존재할 것이라고 가정했다. 하지만 PC의 출현은 그런 가정을 무효화했다. 메인프레임 컴퓨터와 PC는 더는 발전소와 전기 토스터처럼 하나의 개체가 아니었다. 후자는 다르지만 서로 의존적이고 상호 보완적이다. 반대로 메인 프레인 컴퓨터와 PC는 주된 경쟁 관계에 있다. 그리고 정보라는 기본적인 정의에서 실제로 모순적이다. 메인프레임의 경우 정보는 메모리를 의미하지만, PC에서는 소프트웨어를 의미한다. 발전소를 짓고 토스터를 만드는 것은 독립된 비즈니스지만, 하나의 회사가 소유할 수 있다. 실제로 제너럴 일렉트릭이 수십 년간 그렇게 해 왔다. 하지만 메인프레임 컴퓨터와 PC는 한 기업 내에서 공존할 수 없었다.

IBM은 이 둘을 결합하려고 노력했다. 하지만 PC가 빠르게 성장하고 있었기 때문에 그것을 메인프레임 비즈니스에 종속시킬 수는 없었다. 그 결과, IBM은 메인프레임 비즈니스를 최대한 활용할 수 없었다. 또한 메인프레임 컴퓨터가 여전히 주된 수익원이었기 때문에 PC 비즈니스를 최대한 활용할 수도 없었다. 결국 컴퓨터는 컴퓨터라는 가정, 아니면 더 단순하게 하드웨어가 업계를 주도한다는 가정은 IBM을 무력하게 만들었다.

GM은 IBM보다 더 강력하고 성공적인 비즈니스 이론을 갖고 있었는데, 그 이론은 GM을 세계에서 가장 크고 수익을 많이 내는 제조업체로 만들었다. GM은 70년 동안 한 번도 실패한 적이 없었는데, 그것은 비즈니스 역사상 전례 없는 기록이었다. GM의 이론은 시장과 고객에 대한 가정, 핵심 경쟁력, 조직 구조에 대한 가정을 완벽하게 결합한 이론이었다.

1920년대 초부터 GM은 미국 자동차 시장이 동일한 가치를 갖고 있으며, 여러 그룹이 매우 안정적으로 수입을 나누어 갖는다고 가정했다. '좋은' 중고차의 재판매 가치만이 경영진이 통제할 수 있는 독립변수였다. 높은 거래가치는 고객이 새 차 구매를 그다음 카테고리, 다시 말해 더 높은 이윤을 올릴 수 있는 차로 업그레이드 하게 했다. 그 이론에 따르면, 빈번하고 급진적인 모델 변화는 거래 가치를 떨어트릴 뿐이다.

내부적으로 시장에 관한 이런 가정은 가장 큰 시장점유율을 차지하고, 가장 높은 이익을 얻기 위해 생산을 어떻게 할 것인가에 대한 가정과 관련되어 있다. GM은 매해 변화를 최소화한 새 모델을 출시해 대량 생산함으로써 차당 수리 비용을 최소화하고, 정해진 비용으로 연간 최대 수량의 차를 만든다는 결론을 얻었다.

GM의 경영진은 시장과 생산에 관한 이런 가정을 반독립적인 부서 구조로 연결했는데, 각 부서가 하나의 수익 부분에 집중하게 함으로써, 한 부서의 최고가 모델이 다음 부서의 최저가 모델과 오버랩되게 만들어, 사람들이 돈을 더 주고라도 중고로 팔 때 가격이 더 높은 모델로 업그레이드해서 구매하도록 유도했다.

70년간 이 이론은 마법처럼 성공을 가져왔다. 경기 침체기에도 GM은 꾸준히 시장점유율을 높이면서 손해를 보지 않았다. 하지만 1970년대 말, 시장과 생산에 관한 이 가정은 무용해졌다. 시장은 매우 변덕스러운 '라이프 스타일'을 반영해 쪼개졌다. 수입은 구매를 결정하는 유일한 요인이 아니라 하나의 요인이 되었다. 동시에 군살을 뺀 제조(lean manufacturing)는 작은 규모의 경제를 만들었다. 즉 단기로 다양한 모델을 만드는 것이 장기로 단일한 상품을 만드는 것보다 더 싸고 수익성도 높았다.

GM도 이를 깨달았지만 믿지 않았다. (GM 노조는 여전히 믿지 않고 있다.) 그래서 부족한 부분을 대충 수정하려고 했다. 기존의 수익 구분에 기반을 둔 부서를 유지하면서 각 부서가 '수입 수준에 상관없는 자동차'를 생산했다. 또한 장기적인 대량생산을 자동화함으로써 (그 과정에서 300억 달러의 손해가 발생했다) 작은 규모의 경제를 살리는 군살을 뺀 제조와 경쟁하려 했다. 당시 유행하던 믿음과 반대로 GM은 엄청난 에너지, 업무량, 시간과 돈을 투자해 부족한 부분을 메우려 했다. 하지만 그런 노력은 고객과 자동차 판매자, 직원과 경영진 모두를 혼란스럽게 만들 뿐이었다. 그럼에도 불구하고 GM은 선두를 유지했고, 향후 전도유망한 성장 시장이었던 소형트럭과 미니밴 시장을 간과하고 말았다.

***** 

비즈니스 이론은 세 부분으로 구성된다. 첫째는 사회와 사회 구조, 시장, 고객, 기술이라는 조직 환경에 관한 가정이다.

둘째는 조직의 구체적인 미션에 관한 가정이다. 제1차 세계대전과 이후 시어스 로벅 앤 컴퍼니(Sears, Roebuck and Company)는 미국 가정의 현명한 구매자가 된다는 미션을 정했다. 십 년 후 영국의 막스 앤드 스펜서(Marks and Spencer)는 계층과 관계없는 최초의 소매업체가 되어 영국 사회를 변화시키겠다는 미션을 정했다. 제1차 세계대전 직후, 통신사 AT&T도 모든 미국 가정과 기업이 전화를 사용하게 만들겠다는 미션을 정했다. 한 조직의 미션은 그렇게 야심 차지 않아도 된다. GM의 앨프리드 슬론은 "지구상에서 엔진으로 가는 교통수단"을 만드는 리더가 되겠다는 더 소박한 미션을 꿈꿨다.

셋째는 조직의 미션을 달성하는 데 필요한 핵심 경쟁력에 대한 가정이다. 예를 들어 1802년에 세워진 웨스트포인트(West Point)는 신뢰할만한 리더를 양성하는 것을 핵심 경쟁력으로 삼았다. 1930년 즈음 막스 앤드 스펜서는 구매 능력 대신 판매할 수 있는 제품을 디자인하고 개발하는 것을 핵심 경쟁력으로 삼았다. 1920년 AT&T도 꾸준히 요율을 낮추면서 지속적으로 서비스를 개선하는 기술적 리더십을 핵심 경쟁력으로 삼았다.

조직 환경에 관한 가정은 조직이 무엇을 얻게 될지를 정의한다. 미션에 관한 가정은 조직이 의미 있는 결과라고 생각하는 것이 무엇인지, 다시 말해 사회나 경제 전반적으로 어떤 차이를 가져올 수 있을지를 정의한다. 마지막으로 핵심 경쟁력에 관한 가정은 리더의 자리를 유지하기 위해 어떤 부분에서 능력을 보여야 할지를 정의한다.

이 모든 것이 거짓말처럼 간단하게 들린다. 명확하고 일관되며 유용한 비즈니스 이론을 만들기 위해서는 오랜 기간의 노고, 아이디어 창출, 실험이 필요하다. 하지만 성공하기 위해서는 모든 조직이 하나의 이론을 만들어야 한다.

유용한 비즈니스 이론의 특징은 무엇인가? 다음의 네 가지다.

**1. 환경과 미션, 핵심 경쟁력에 관한 가정이 현실에 적합해야 한다.**

영국 맨체스터에서 온 네 명의 가난한 청년들, 사이먼 막스(Simon Marks)와 그의 처남들이 1920년대 초반 단조로운 싸구려 가게가 사회 변화의 매개체가 되리라 생각했을 때, 제1차 세계대전이 영국의 계급 구조를 완전히 뒤흔들었다. 이는 막스 앤드 스펜서의 첫 번째 성공적 상품군인 품질이 좋으면서 유행을 따르지만, 값이 싼 속옷이나 블라우스, 스타킹 같은 상품의 새로운 구매 수요를 만들었다. 막스 앤드 스펜서는 들어보지 못한 새로운 핵심 경쟁력을 체계적으로 개발했다. 그때까지 상점의 핵심 경쟁력은 좋은 상품을 구매하는 능력이었다. 막스 앤드 스펜서는 스스로 제조업체가 아니라 고객을 잘 아는 상점이라고 생각했다. 그래서 제조업체가 아니라 상점이 제품을 디자인하고 개발하며, 자신이 만든 디자인과 비용에 맞게 상품을 만들어 줄 생산자를 찾아야 한다고 생각했다. 상점에 대한 새로운 정의를 내리고 이를 스스로가 '하도급업체'가 아니라 '제조업체'라고 생각하던 전통적인 공급업체에 이해시키는 데 5~8년 정도의 시간이 걸렸다.

### 2. 세 영역의 가정이 서로 맞아야 한다.

이는 수십 년간 지배적인 위치를 유지한 GM의 강점이었을 것이다. 시장과 최적의 제조 과정에 관한 GM의 가정은 완벽히 들어맞았다. GM은 1920년대 중반에 새롭고 들어본 적 없는 핵심 경쟁력이 필요하다고 생각했다. 바로 제조 과정에 대한 재정적 통제와 자본 배분 이론이었다. 그 결과 GM은 현대적 원가계산과 최초의 합리적인 자본 배분 과정을 만들었다.

### 3. 비즈니스 이론은 전 조직에 알려지고 이해되어야 한다.

이는 회사를 막 세웠을 때는 어려운 일이 아니다. 하지만 성공을 거두면서 그 이론은 점점 당연시되고 점차 의식하지 못하게 된다. 그러면 조직은 느슨해진다. 일을 쉽게 하려고 절차를 무시하기 시작한다. 옳은 것보다 편리함을 추구하기 시작한다. 생각과 질문을 그만두고, 답변은 기억하지만 질문은 잊어버린다. 비즈니스 이론이 '문화'가 된다. 문화는 훈련을 대체하지 못한다. 비즈니스 이론은 훈련이다.

### 4. 비즈니스 이론을 지속적으로 점검해야 한다.

이는 돌판에 새겨진 것이 아니다. 가설일 뿐이다. 사회와 시장, 고객, 기술이라는 계속해서 변화하는 것에 대한 가설이다. 그래서 비즈니스 이론은 변화할 수 있어야 한다.

##### *****

어떤 비즈니스 이론은 매우 강력해서 오랫동안 유지된다. 하지만 인간이 만들었기 때문에 영원히 지속되지는 못한다. 오늘날에는 그렇게 오래 유지되는 이론이 거의 없다. 모든 비즈니스 이론은 점차 낡은 것이 되고 효용성을 잃는다. 1920년대 미국의 위대한 기업에 바로 그런 일이 일어났다. 그 주인공은 GM과 AT&T이다. IBM도 그 주인공 중 하나다. 오늘날 도이치뱅크의 유니버설 은행 이론도 마찬가지다. 빠르게 흐트러지는 일본 회사도 예외일 리 없다.

조직의 이론이 구식이 되어버린 기업은 항상 방어적이다. 머리를 모래 속에 파묻고 아무 일도 일어나지 않는 것처럼 행동한다. GM이 1980년대 초반에 그랬고, 도이치뱅크가 오늘날 그런 것처럼 어떻게든 대충 고쳐 넘어가려고 한다. 실제로 도이치뱅크를 '주거래 은행'으로 삼은 독일의 대기업들이 하나둘 갑작스럽고 예상치 못한 위기를 겪은 것은 그 이론이 이제는 통하지 않는다는 것을 보여준다. 도이치뱅크는 기업에 효과적인 관리 체계를 제공한다는 목표를 달성하지 못하고 있다.

임시방편은 절대로 해결책이 되지 못한다. 이론이 시대에 뒤처진다는 조짐이 처음 나타나는 때가, 바로 그 이론에 대해 다시 생각하고 성장하면서 함께 해온 환경, 미션, 핵심 경쟁력에 관한 기존의 가정이 충분치 않다는 것을 인정하고 현실을 정확히 반영하고 있는지 질문해야 하는 때다.

***** 

그렇다면 무엇을 해야 하는가? 예방책이 필요하다. 조직 내 비즈니스 이론을 감시하고 검토하는 시스템을 만들어야 한다. 초기 진단도 필요하다. 마지막으로 정체되기 시작하는 이론을 재고하고 정책과 관행을 변화시키기 위해 효과적으로 조처하고, 미션을 새롭게 정의하며, 새로운 핵심 경쟁력을 개발하면서 새로운 환경에 적합하게 조직의 태도를 변화시켜야 한다.

### 예방책

두 가지 예방책이 있다. 꾸준히 사용한다면 조직이 계속 주의를 기울이면서, 조직과 비즈니스 이론을 빠르게 변화시킬 수 있을 것이다. 첫 번째 방법을 나는 폐기(abandonment)라고 부르겠다. 3년마다 모든 제품과 서비스, 정책, 유통경로를 살펴보고 지속 가능한지 질문하는 것이다. 용인할 수 있는 정책과 정해진 방식에 대해 질문함으로써 조직은 이론을 재고할 수 있다. 가정을 검토하고, 이 가정이 5년 전에는 유망했는데, 현재는 왜 그렇지 않은지 질문한다. 실수 때문인지, 아니면 옳지 않은 일을 했기 때문인지, 그도 아니면 옳은 일을 했지만 결과가 좋지 않은 것인지 확인할 수 있다.

체계적이고 의도적인 폐기가 수행되지 않으면, 조직은 상황에 압도당한다. 절대 하지 않았거나 이제는 하지 말아야 하는 일에 최고의 자원을 낭비하게 된다. 그렇게 시장, 기술, 핵심 경쟁력이 변화하는 때에 기회를 잡기 위해 필요한 능력 있는 인재와 자원이 부족해진다. 다시 말해 비즈니스 이론이 이미 낡은 것이 되었을 때, 기회에 건설적으로 대응하지 못한다는 말이다.

두 번째 예방책은 비즈니스 밖에서 어떤 일이 일어나고 있는지 살펴보는 것, 특히 *비고객*(noncustomers)에 대해 연구하는 것이다. 몇 년 전 현장경영(walk-around management)이 유행했다. 이 방법은 중요하다. 고객을 가능한 한 많이 아는 것도 중요하다. 정보기술은 가장 빠르게 발전하고 있는 분야일 것이다. 근본적인 변화의 첫 조짐은 조직 내부나 고객에게서 나타나지 않는다. 항상 비고객에서 먼저 나타난다. 비고객은 고객보다 많다. 거대 소매업체인 월마트의 미국 시장점유율도 14퍼센트다. 다시 말하면 86퍼센트는 비고객인 것이다.

비고객의 중요성을 가장 잘 보여주는 최근의 예는 미국 백화점이다. 20년 전 정점에 있을 당시, 백화점은 식품을 제외한 미국 소매 시장의 30퍼센트를 점유했다. 그들은 지속적으로 고객에게 질문하고, 고객을 연구했으며, 설문 조사를 했다. 하지만 고객이 아닌 나머지 70퍼센트에는 관심을 두지 않았다. 관심을 가져야 할 이유를 찾지 못했다. 그들의 비즈니스 이론은 백화점에서 쇼핑할 수 있는 재력을 가진 사람에게만 국한되었다. 50년 전 그 가정은 현실에 부합했다. 하지만 베이비붐 세대가 나이 들면서 그 이론은 유효하지 않게 되었다. 베이비붐 세대 중 가장 지배적인 그룹은 여성이 교육을 받아 부부 모두 수입이 있는 그룹이었고, 그들에게 쇼핑을 결정하는 요인은 돈이 아니었다. 그들에게는 시간이 가장 중요한 요인이었는데, 그 세대의 여성들은 백화점에서 쇼핑할 시간이 없었다. 백화점은 고객만 살펴보았기 때문에 몇 년 전까지도 이런 변화를 인식하지 못했다. 그때는 이미 비즈니스가 하향세에 들어서 있었고, 베이비붐 고객을 잡기에는 너무 늦어버린 때였다. 백화점은 고객을 유지하는 것이 중요하지만, 그것만으로는 충분하지 않다는 교훈을 힘들게 얻었다. 조직은 시장에 주목해야 한다.

## 초기 진단

문제점을 빨리 진단하려면 관리자는 경고 지표에 주목해야 한다. 비즈니스 이론은 항상 조직이 원래 목표를 달성하고 나면 낡은 것이 된다. 목표를 달성했다고 축배를 들어서는 안 된다. 새로운 목표를 세워야 한다. AT&T는 1950년대 중반까지 모든 미국 가정과 기업에 전화를 공급하겠다는 미션을 달성했다. 당시 일부 경영진은 비즈니스 이론을 재평가할 때라고 말했다. 예를 들어 목표가 달성된 지역 서비스를 성장하는 미래 비즈니스에서 분리하고, 장거리 서비스를 시작해 글로벌 통신으로 확대하자고 주장했다. 하지만 그들의 주장은 주목받지 못했고, 몇 년 후 AT&T는 부진을 겪기 시작했으며, 경영진이 자발적으로는 원하지 않던 명령에 따라 반독점을 통해 위기에서 탈출할 수 있었다.

빠른 성장은 이론이 위기를 맞고 있다는 또 다른 징표다. 단기간에 규모가 두 세배 커진 조직에는 기존 이론이 맞지 않는다. 실리콘밸리에서도 회사가 너무 커지면 소통을 위한 맥주 파티가 더는 적절하지 않고, 이름표를 달아야 한다는 사실을 알게 된다. 그런 성장은 더 깊이 있는 가정, 정책, 습관을 요구한다. 성장하는 것뿐 아니라 건전성을 유지하기 위해 조직은 환경, 미션, 핵심 경쟁력에 대해 다시 한 번 자문해야 한다.

조직의 비즈니스 이론이 유용하지 않음을 보여주는 확실한 징표가 두 가지 더 있다. 하나는 한 조직이나 경쟁자의 예상치 못한 성공이고, 다른 하나는 한 조직이나 경쟁자의 예상치 못한 실패다.

일본산 자동차의 수입이 '디트로이트의 톱 3'를 궁지에 몰아넣었을 때, 크라이슬러는 전혀 예상치 못한 성공을 거두었다. 기존의 승용차는 GM이나 포드보다 더 빠르게 시장점유율을 잃고 있었다. 하지만 지프와 우연히 개발한 새로운 미니밴 판매는 급증했다. 당시 GM은 미국 소형트럭 시장의 선두주자였고, 제품의 디자인과 품질 면에서 대적할 상대가 없었지만, 소형트럭의 역량에 관심을 두지 않았다. 현재는 대부분 승용차로 팔리고 있지만, 전통적인 통계상으로 볼 때 미니밴과 소형트럭은 항상 승용차라기보다 상업용으로 분류되었다. 하지만 GM이 상대적으로 약한 경쟁자인 크라이슬러의 성공에 주목했더라면, 시장과 핵심 경쟁력에 대한 가정이 유효하지 않다는 사실을 더 빨리 깨달았을 것이다. 처음부터 미니밴과 소형트럭 시장은 소득계층에 따른 시장이 아니었고, 거래 가격에 거의 영향을 받지 않았다. 역설적이게도 소형트럭은 15년 전 GM이 현재 군살을 뺀 제조라고 부르는 공정으로 이미 옮겨온 부분이었다.

예상치 못한 실패는 예상치 못한 성공만큼이나 경고의 지표가 되고, 60대 남성의 첫 번째 '약한' 심장마비와 마찬가지로 심각하게 받아들여야 한다. 60년 전 경기 침체기에 시어스(Sears)는 자동차 보험이 재무상품이 아니라 '부대 용품'이 될 것이고, 보험 판매가 '미국 가정을 위한 현명한 구매자가 되겠다'는 자신의 미션에 들어맞는다고 생각했다. 자동차 보험은 즉시 시어스에 가장 큰 이익을 가져다주는 비즈니스가 되었다. 20년 후인 1950년대 시어스는 다이아몬드 반지가 사치품이 아닌 필수품이 될 것이라 보고, 세계에서 가장 크고 가장 수익성 있는 다이아몬드 소매업체가 되겠다고 결심했다. 1981년 투자상품이 미국 가정을 위한 소비재가 되리라 생각한 것도 합리적인 결정이었다. 시어스는 딘 위터(Dean Witter)를 매입하고, 사무실을 시어스 상점 안으로 옮겼다. 그 이동은 완전한 실패였다. 미국인들은 재정적 요구를 '소비재'로 보지 않았다. 시어스는 결국 포기하고 딘 위터를 시어스 외부의 독립적인 비즈니스로 운영하기로 했고, 딘 위터는 다시 성공을 거두기 시작했다. 1992년에 시어스는 딘 위터를 이익을 남기고 매각했다.

시어스가 미국 가정의 투자상품 제공자가 되는 데 실패한 것을 하나의 독립된 사건이 아니라 자신이 세운 이론의 실패라고 보았다면, 실제보다 십 년 더 빨리 아직 상당한 시장 지배력을 갖고 있을 때 구조조정을 통해 자리를 되찾았을 것이다. 시어스는 JC페니 같은 경쟁자처럼 딘 위터의 실패가 시장 균질성 개념 전반에 의문을 품게 했다고 보는데, 시어스와 다른 대형 소매업체의 전략은 수년간 이 개념을 기반에 두고 있었다.

### 해결책

전통적으로 우리는 쓰러져가는 조직을 되살리기 위해 마법 지팡이를 들고 기적을 일으킬 사람을 찾아왔다. 하지만 이론을 세우고 유지하고 회복시키는 데 칭기즈칸이나 레오나르도 다빈치 같은 사람을 경영자로 앉힐 필요는 없다. 경영자에게는 천재성이 아니라 부지런함이 필요하고, 똑똑함보다 성실함이 필요하다. 바로 이것이 최고 경영자에게 필요한 자질이다.

비즈니스 이론을 성공적으로 바꾼 최고 경영자는 거의 없다. 특허권을 가진 고수익 약을 연구 개발하는 데 집중함으로써 머크 (Merck) 사를 세계에서 가장 성공적인 제약회사로 만든 최고 경영자는 처방전 없이 살 수 있는 약을 유통할 거대 유통업체를 인수했고, 회사의 비즈니스 이론을 급격히 바꾸었다. 그는 '위기' 없이 표면상으로 매우 평탄하게 변화를 이끌었다. 몇 년 전 세계 최고의 전자제품 제조업체인 소니(Sony)의 새로운 최고 경영자도 비즈니스 이론에 변화를 가져왔다. 그는 할리우드 영화사를 인수했고, 그 인수를 통해 조직의 핵심을 하드웨어 제조업체에서 하드웨어에 필요한 시장 수요를 창출하는 소프트웨어 생산자로 변화시켰다.

이런 기적을 가져오는 경영자만큼 능력은 있지만, 결국 조직이 어려움을 겪게 만드는 최고 경영자도 있다. 기적을 가져오는 사람들에게 다른 심각한 병을 치료하리라 기대할 수 없는 만큼, 낡은 비즈니스 이론을 되살리라고 기대할 수 없다. 기적을 일으키는 사람과 이야기를 나눠보면, 그들은 카리스마나 비전에 기반을 두고 행동하지 않는다는 것을 알게 된다. 그들은 진단과 분석에서 시작한다. 목표를 달성하고, 빠른 성장을 얻기 위해서는 비즈니스 이론을 심각하게 재고해야 한다는 사실을 받아들인다. 예상치 못한 실패를 부하 직원의 무능, 우연이 아니라 '시스템 실패'의 결과라고 생각한다. 예상치 못한 성공을 자신의 덕이라고 생각하는 대신, 자신의 가정에 대한 도전으로 받아들인다.

그들은 이론의 진부화를 생명을 위협하는 퇴행성 질병으로 받아들인다. 오랜 세월에 걸쳐 유효성이 증명된 원칙, 즉 퇴행성 질병은 시간을 질질 끈다고 치료되는 것은 아니라는 원칙을 효과적인 의사결정으로 알고 받아들인다. 결단력 있는 행동이 필요한 것이다.

(초판 1994년 9~10월 발행, 재인쇄)

# 핵심 포인트

《하버드 비즈니스 리뷰》에 기고한 서른한 번째 글에서 피터 드러커는 전 세계 수많은 성공적인 조직들이 현재 겪고 있는 문제는 그들의 비즈니스 이론이 더는 통하지 않는다는 점이라고 주장했다. 잘나가던 회사가 하루아침에 부진을 겪고 좌절하며 어려움에 빠지고 겉보기에 관리할 수 없는 위기에 처하는 것은 상당히 익숙한 이야기다. 이런 위기의 근본 원인은 일을 잘못했기 때문이 아니다. 잘못된 일을 했기 때문도 아니다. '옳은 일'을 했지만 성과가 없었기 때문에 위기가 찾아왔다.

이런 역설적인 상황이 왜 발생하는가? 조직의 근본이 되고, 그에 따라 운영하는 가정이 이제는 현실에 맞지 않기 때문이다. 이는 조직의 태도를 형성하고, 무엇을 하고 하지 않을지에 관한 결정에 영향을 미치며, 조직이 의미 있다고 생각하는 결과를 정의하는 가정이다. 드러커는 이를 기업의 비즈니스 이론이라고 한다.

모든 조직은 비즈니스 이론을 갖고 있다. 비즈니스 이론은 20세기 후반 미국 경제를 지배한 제너럴 모터스와 IBM의 성공과 그들이 마주한 도전을 설명한다.

어떤 비즈니스 이론은 매우 강력해서 오랜 시간 지속된다. 하지만 인간이 만든 이론은 영원하지 않고, 오늘날에는 대부분 오래 지속되지 않는다. 결국 비즈니스 이론은 낡은 것이 되고 무용해진다. 한 이론이 처음으로 낡은 것으로 보일 때, 우리는 기존 가정이 더는 충분치 않다는 사실을 확실히 인식하고, 그 이론에 대해 다시 생각해야 한다.

3장

# 비즈니스 목표를
# 달성하는 경영

피러 드러커의 경영을 읽다

．
．
．

　기업 관리자의 첫 번째 의무, 즉 지속되는 책임은 무엇인가? 그
것은 *현재 사용할 수 있는 자원으로 가능한 최선의 경제적 성과를
얻는 것이다.* 관리자가 할 것으로 기대되거나 하고 싶어 하는 모든
것은 향후 몇 년간의 건전한 경제 성과나 수익 결과에 달려 있다.
기업의 사회적 책임이나 문화적 기회 같은 고상한 경영진의 업무도
이런 전제에서 벗어나지 못한다. 또한 개개 관리자의 *보상*, 즉 돈과
지위도 이런 전제에서 벗어나지 않는다.

　모든 기업 경영진은 전부는 아니더라도 많은 시간을 단기간의
경제 성과와 관련된 문제에 할애한다. 그들은 비용과 가격, 일정과
판매, 품질 관리와 고객 서비스, 구매와 훈련에 관심을 둔다. 또한
관리자들이 활용할 수 있는 다양한 도구와 기술은 오늘과 내일의
경제적 성과를 위해 *현재의* 비즈니스를 관리하는 데 사용된다. 경
영 서적 100권 가운데 90권이, 그리고 경영 보고서나 연구의 100

개 중 (보수적으로 잡아) 90개가 이 주제를 다루고 있다.

## 진부한 일에 쓸 시간은 없다

이런 관심에도 불구하고 내가 아는 관리자 중 이 일에 있어 자기 실적에 크게 감동한 사람은 거의 없다. 그들은 어떻게 조직을 구성할지, 시간 낭비와 중요한 것, 불만족스러운 것과 효과적인 것을 어떻게 구별하는지 알고 싶어한다. 오늘날 관리자는 데이터와 보고서의 홍수 속에서 위협받고 있고, 막연하게 일반적인 것만 이해할 뿐이다. '저비용' 혹은 '높은 수익성' 같은 진부한 말이, 자신이 일하는 비즈니스에서 무엇이 진정으로 경제적 성과와 결과를 결정하느냐는 질문의 답으로 언급된다.

'판매자 시장'인 호황기에도 경제적 성과를 내기 위한 경영은 거듭되는 좌절의 원인이다. 일반적인 상황으로 돌아가 시장이 다시 경쟁적이 되면, 경제적 성과를 내기 위한 경영은 혼란, 압박, 걱정을 초래해 회사의 미래는 말할 것도 없고, 단기적 성과를 위해서도 올바른 결정을 내리기 어렵다.[1]

필요한 것은 더 많은, 혹은 더 좋은 도구가 아니다. 우리는 이미

---

1) 로저 모리슨(Roger Morrison)과 리처드 뉴셀(Richard F. Neuschel)이 "The Second Squeeze on Profits"에서 분명히 보여주었다. 《하버드 비즈니스 리뷰》 1962년 7~8월, p.49; 루이스 뉴먼(Louis E. Newman)과 시드니 브루넬(Sydney Brunel)의 "Different Dollars"에서도 찾아볼 수 있다. p.74.

모든 비즈니스에서 (혹은 모든 관리자가) 사용할 수 있을 만큼 많은 도구를 갖고 있다. 필요한 것은 다음 질문들에 답함으로써 체계화하는 데 도움이 되는 간단한 개념, 즉 경험에 바탕을 둔 원칙이다.

- 관리자의 임무는 무엇인가?
- 가장 심각한 문제는 무엇인가?
- 이 문제를 정의하고 분석하는 데 있어 원칙은 무엇인가?

## 잘못된 강조

나는 여기서 완전한 '경영의 과학'을 제시하려는 것이 아니고, 실제로 제시할 만한 것도 없다. 더욱이 관리자의 일을 해줄 '대조표'나 '절차' 같은 마법 공식을 제시하려는 것도 아니다. 관리자의 임무는 매우 고되고, 요구가 많으며, 위험이 따르는 일이다. 노동력을 절감시키는 많은 기계가 있지만 '생각을 줄여'주거나 '일을 줄여'주는 기계는 아직 발명되지 않았다.

우리는 경제적 목표를 달성하기 위해 관리자가 일을 어떻게 조직해야 하는지, 방향성과 결과를 갖고 어떻게 그 일을 해야 하는지를 알고 있다. 위에 언급한 세 가지 핵심 질문의 답은 이미 널리 알려졌기 때문에 누구도 그 답변에 놀라지 않을 것이다.

1. *관리자의 임무는 무엇인가?*
자원과 모든 노력을 경제적으로 의미 있는 성과를 얻을 수 있는 기회에 쏟는 것이다. 진부하게 들리고, 실제로 진부한 이야기다. 하지만 내가 보았거나 실행해온 자원과 모든 노력의 실제적인 배분에 대한 모든 분석에서 보면, *많은 시간, 노동, 관심, 돈은 기회가 아니라 '문제'에 첫 번째로 할당되고, 두 번째로 보기 드물게 성공적인 성과가 미미한 결과를 가져오는 분야에 할당된다.*

**2. 가장 심각한 문제는 무엇인가?**

이는 근본적으로 옳은 일을 하는 것과 일을 올바르게 하는 것, 목표 달성 능력(effectiveness)과 효율성(efficiency) 사이의 혼란이다. *전혀 할 필요 없는 일을 매우 효율적으로 하는 것만큼 쓸모없는 일도 없다.* 그러나 도구, 특히 회계 관련 개념과 데이터는 모두 효율성에 초점이 맞춰져 있다. 필요한 것은 첫째, (가능한 의미 있는 결과를 가져올) 목표 달성 영역을 찾아내는 것이고, 둘째, 그 부분에 집중하는 것이다.

**3. 원칙은 무엇인가?**

이는 잘 알려져 있다. 그러니까 적어도 일반적 명제로 알려져 있다. 기업은 자연현상의 일부가 아니라 사회현상의 일부다. 사회적 상황에서 사건은 자연의 '정규분포'에 따라 배분되지 않는다(즉 U자 형태의 가우스 곡선을 따라 배분되지 않는다). *사회적 상황에서는 아주 적은 사건, 즉 많아야 10~20퍼센트 정도가 전체 결과의 90퍼센트를 설명하며, 대다수 사건은 결과의 10퍼센트 이하만 설명할 뿐이다.*

이는 시장에서도 마찬가지다. 수천 명 중 소수의 고객만이 주문하고, 수백 개의 아이템 중 소수만이 생산량 대부분을 차지한다.

시장과 최종 사용자, 유통경로에도 동일하게 적용된다. 판매 노력에서도 마찬가지인데, 수백 명의 세일즈맨 중 일부가 모든 새로운 비즈니스의 3분의 2 이상을 만들어낸다. 공장에서도 일부 공장이 생산 대부분을 담당한다. 연구도 마찬가지다. 연구실에 있는 사람 중 일부만이 중요한 혁신을 만든다.

실제로 사람과 관련한 모든 '문제'도 마찬가지다. 대부분 불만은 항상 일부 부서 혹은 집단(예를 들어 나이 든 사람, 미혼 여성, 청소부나 야근하는 사람)에서 나온다. 결근이나 이직, 제안이나 사고도 마찬가지다. 뉴욕 전화 회사의 연구에 따르면, 직원의 병가에서도 마찬가지 결과가 나타난다.

## 수익 vs 비용

'정규분포'에 대한 간략한 언급이 비즈니스 경영에서 갖는 중요성을 이해하는 경영자는 드물다. 이는 결과의 90퍼센트가 10퍼센트의 사건에서 발생하며, 비용의 90퍼센트는 나머지 결과를 내지 못하는 90퍼센트의 사건에 따라 증가함을 의미한다.

다시 말해 비용도 '사회현상'이라는 것이다. 이를 수학적인 언어로 표현하자면 비즈니스에서 사건의 '정규분포곡선'은 결과라는 절반의 플러스 곡선과 비용이라는 마이너스 곡선의 쌍곡선으로 이루어져 있다. 즉 결과와 비용은 역관계가 성립한다는 것이다.

일반적인 언어로 바꿔보면 경제적 성과는 대체로 수익에 직접적으로 비례하고, 비용은 거래 숫자에 비례한다는 것이다. 유일한 예외는 최종 제품에 들어가는 재료와 부품 구매다.

- 일반적으로 5만 달러의 주문이 500달러 주문보다 큰 비용이 들지 않는다. 100배 더 드는 것은 확실히 아니다.
- 팔리지 않을 신제품을 디자인하는 것은 '잘 팔리는 제품'을 디자인하는 것만큼 비용이 든다.
- 소량 주문을 위한 문서 작업에도 대량 주문을 위한 작업만큼 비용이 든다. 똑같이 주문을 입력하고 생산 주문을 내리고 일정을 짜고 청구서를 만들고 수집해야 한다.
- 소량 주문도 대량 주문과 마찬가지로 실제 제품을 만들고 포장하고 배송하는 데 동일한 비용이 든다. 오늘날 대부분 제조 업계(와 서비스 업계)에서는 수량에 따라 비용이 달라지지 않고 일정 시간당 노동비용은 '고정'되어 있다. 구입하는 재료와 부품만 '변동되는' 비용이다.

더욱이 '일반적으로' 수익과 노력은 어떤 결과도 창출하지 못하는 90퍼센트의 사건에 할당된다. 결과가 아니라 사건의 숫자에 따라 할당되기 때문이다. 실제로 가장 비싸고 잠재적으로 가장 생산성이 높은 자원(예를 들어, 숙련된 노동자)이 최악의 일에 잘못 할당될 수도 있다. 거래량 압박은 그 일이 생산적이든 그렇지 못하든 간에 담당자에게 자신이 어려운 일을 하고 있다는 자부심을 강화시킨다.

이는 원칙과 실제 경험에 근거한 모든 연구에서 증명되었다. 몇 가지 예를 살펴보자.

- 한 엔지니어링 회사는 기술 서비스 그룹의 높은 품질과 명성을 자랑스러워했는데, 그 그룹에는 몸값이 비싼 직원이 수백 명 있었다. 그들은 최고로 임금이 높은 사람들이었다. 하지만 그들의 인력 배치 상황을 조사하니, 열심히 일한 만큼 회사에 성과를 기여하는 상황은 아니었다. 대부분 '흥미로운' 문제, 특히 고객이 아주 적은 문제와 관련된 일을 했고, 그 문제를 해결하더라도 비즈니스에는 거의 영향을 미치지 않았다. 자동차 업계가 회사의 가장 중요한 고객이었고, 모든 구매의 3분의 1을 차지했다. 하지만 기술 서비스 직원 중 엔지니어링 부서나 자동차회사 공장 부문에 발을 댄 사람은 거의 없었다. "GM과 포드는 우리를 필요로 하지 않는다. 그들에게는 본사 직원이 있다"라는 것이 그들의 반응이었다.
- 마찬가지로 많은 기업에서 세일즈맨은 잘못된 역할을 맡고 있다. 가장 큰 세일즈맨 그룹(특히 가장 효과적인 그룹)은 보통 '팔기 어려운' 제품을 담당하는데, 그런 제품은 '과거의 상품'이거나 경영진이 허영심에 '잘 팔리는 상품'으로 만들고자 하는 제품이다. 미래를 책임질 중요한 제품은 필요한 판매 지원을 거의 받지 못한다. 시장에서 놀라운 성공을 거둬 총력을 기울여 팔아야 할 제품은 간과되는 경향이 있다. '추가적인 노력 없이도 이미 잘 팔린다'

는 것이 일반적인 결론이다.

- 연구 부서나 디자인 관련 직원, 시장 개발 노력이나 광고도 마찬
  가지다. 성과보다 거래, 생산적인 것보다 어려운 것, 현재와 미래의
  기회보다 과거의 문제에 따라 잘못 배분되는 경우가 많다.

### 이해할 수 없는 회계

'수익에 관련된 돈'과 '비용에 관련된 돈'은 과장하자면 같은 '현금흐름'이 아니다. 물론 수익을 통해 비용을 확보할 수 있다. 하지만 경영진이 지속적으로 비용을 수익을 창출하는 활동으로 이끌지 않는다면, 그 돈은 '아무것도 창출하지 못하는' 활동으로 흘러들어가기 쉽다.

관리자가 사실을 깨닫지 못하는 주된 이유 중 하나는 *회계* 데이터 분석과 *경제* 데이터, 비즈니스 분석을 혼동하기 때문이다.[2] 회계사는 특정 생산 유닛에 실제 관련되지 않은 비용을 모든 제품에 분배해야 한다. 오늘날 비용의 상당히 많은 부분, 재료와 부품을 구매하지 않은 비용의 60~70퍼센트가 실제로 '특정 활동에 맞춰 쓰이기'보다는 단순히 분배된다.

회계사가 비용을 분배할 수 있는 유일한 방법은 거래 숫자보다 수량에 맞춰 분배하는 것이다. 따라서 하나의 주문이나 하나의 제품에서 발생하는 백만 달러는 하나의 주문에서 백만 달러가 나오든, 50개의 제품에서 나오든 비용은 똑같이 백만 달러로 표기된다.

회계사는 제품당 비용보다 산출물당 비용에 관심을 둔다. 그들

은 매출량에 의해 곱해지는 이익 흐름보다 이익률에 초점을 둔다. 마지막으로 회계사는 관련 있는 경제 활동에 따라 비용을 분류하지 않고, 조직이나 지리적 장소(예를 들어 '제조' 나 '공장' 등)나 법적 카테고리(예를 들어 '급여')에 따라 분류한다.

나는 회계 이론이나 관행에 관련된 문제를 잘 아는데, 실제로 내 회계 지식은 일과 회계사들 덕분에 알게 된 것이다. 하지만 일의 결과가 회계 실무에 적용되거나 경영자가 회계 데이터를 사용하거나 오용하는 방식을 바꾸려면 수년이 걸릴 것이다.

## 소총식 접근방법

올바른 결론을 도출하지 못한 이유보다 더 중요한 것이 있다. 그것은 바로 '올바른 결론은 무엇인가?'이다. 어떤 행동이 사용 가능한 자원에서 가능한 최선의 경제적 성과와 실적을 창출할 것인가? 우선 몇 가지 지침을 정하고 시작해보자.

1. 경제적 성과는 최대 이익을 얻기 위해 관리자가 가장 적은 수의 제품과 제품군, 서비스, 고객, 시장, 유통경로, 최종 사용자 등에 노력을 집중할 것을 요구한다. 관리자는 주로 비용을 발생시키는

---

2) 모리슨과 뉴웰 인용 참고: 존 디어든(John Dearden), "Profit-Planning Accounting for Small Firms",《하버드 비즈니스 리뷰》, 1963년 3~4월, p.66.

제품에 최소한의 관심을 가져야 하는데, 그 수량이 너무 적어 나눌 수 없기 때문이다.

2. 경제적 성과는 직원이 상당한 비즈니스 성과를 창출할 수 있는, 아주 최소한의 활동에만 노력을 집중한다. 다른 일에는 가능한 최소의 노동력을 투여하고 공을 들여야 한다.

3. 효과적 비용관리를 위해 비용 개선이 비즈니스 성과와 결과에 상당한 영향을 미치는 일부 분야에 노동과 노력을 집중한다. 즉 효율성을 *약간만* 올려도 경제적 효과가 *크게* 증가하는 분야다.

4. 관리자는 높은 경제적 결과의 기회를 제공하는 활동에 자원, 특히 *고급 인적 자원*을 배분해야 한다.

## 변명의 여지없는 낭비

'판매자 시장'이 끝나고 나면 실적이 나빠지는 기업이 많은데, 이는 놀라운 일이 아니다. 오히려 더 나빠지지 않는다는 사실이 놀랍다. 국내외 기업 중 대부분은 내가 언급한 잘 알려진 네 가지 원칙과는 전혀 다르게 운영되고 있다.

제품을 집중화하는 대신 제품을 이것저것 잡다하게 만든다. '무기력한 규격화(deadening standardization)' 산업, 특히 미국 산업을 공격하는 것이 얼마나 유행했는지 기억해보라. 몇 년 전에는 '계획적 진부화'로 업계를 공격하는 것이 유행이었다. 하지만 이런 비난에 어떤 타당성도 없었다.

기업은(아마도 오늘날 미국 대기업이 가장 악독한 범인일 것이다) 어떤

'특별 제품(specialty)'을 제공하고, 다양성에 관한 모든 요구를 만족시키며, 그런 요구를 자극한다는 사실을 자랑스러워한다. 그리고 많은 기업이 의지를 가지고 제품을 포기하지 않는다는 사실을 자랑스러워한다. 그 결과, 대기업 대부분은 일반적으로 제품군에 수천 가지의 아이템을 갖고 있지만, 실제로 '팔리는' 제품은 20개도 안 되는 경우가 허다하다. 20개의 아이템이 9,999개의 팔리지 않는 제품에 드는 비용을 감당하기 위해 수익을 창출한다.

오늘날 세계경제에서 미국의 경쟁력에 수반되는 기본적인 문제는 잡동사니 제품일 것이다. 팔리지 않는 제품을 적절히 제거한다면, 주요 제품은 높은 인건비와 세금에도 불구하고 충분히 경쟁력을 가질 것이다. 하지만 우리는 비용도 거의 회수하지 못하는 엄청난 종류의 '특별 제품'을 위해 보조금을 지급하며 잘 팔리는 제품이 갖는 경쟁우위를 낭비한다. 나는 철강과 알루미늄 산업에서 이 낭비를 목격했다. 일본 휴대용 라디오의 경쟁우위는 적은 수의 모델에 집중하는 것에서 비롯되었다. 반면 미국 제조업체들은 별 차이가 없는데도 수많은 다양한 제품을 만들었다.

또한 직원 활동에서도 비슷한 낭비를 한다. 우리의 좌우명이 마치 '모든 것을 조금씩 해보자'인 것처럼 직원 연구, 첨단 엔지니어링, 고객 분석, 세계경제, 운영 연구, 홍보 등 다양한 분야에 노력을 기울인다. 수많은 직원을 고용하지만, 어느 한 분야에서 특별히 뛰어날 만큼 노력을 충분히 집중하지 못한다. 또한 상황을 개선하기 위해 무엇을 해야 하는지 알지 못한다. 일반적인 비용관리 방법은 모두가 알다시피 파괴적이지는 않더라도 효과적이지도 않은 '회사 전반에 걸친' 15퍼센트 비용 감축이다. 우리는 자원을 관리하고 노력을 한 곳에 집중하려고 진지하게 시도하지 않았다. 시간만 낭비했다.

## 세 가지 중요한 단계

비난은 쉽다. 누구든 잘못을 찾아낼 수 있다. 독자들은 여기서 '어떻게 해야 경영을 더 잘할 수 있는가?'라고 물을 수 있다. 답을 안다고 하더라도(사실 알지 못한다), 만족스러운 답을 제공할 만큼 지면이 충분하지 않다. 답하려면 책 한 권 분량이 필요할 것이다. 그 후에도 각 회사는 회사에 적합한 방법을 찾아야 할 것이다.

독자들이 인내심을 갖고 들어준다면, 실제 비즈니스 상황에서 목표를 달성하는 데 매우 효과적인 단계들을 제안하겠다. 구체적으로 다음과 같다.

### 1단계: 분석

이 단계에서 관리자는 사실을 알아야 한다. 다음을 확인하라.

- 제품의 기회와 실제 비용
- 직원의 활동이 가져올 잠재적 기여
- 경제적으로 의미 있는 코스트 센터(원가중심점)

### 2단계: 분배

관리자는 예상되는 결과에 따라 자원을 배분해야 한다. 예를 들어 다음을 알고 있어야 한다.

- 현재 자원이 어떻게 배분되는가?
- 기회를 극대화하는 활동을 지원하기 위해 미래에 자원을 어떻게 배분할 것인가?
- 현재의 것에서 원하는 것을 얻는 데 필요한 조치는 무엇인가?

### 3단계: 결정

관리자에게는 가장 고통스러운 단계다. 즉 기회와 성과를 창출하지 못하는 불필요한 제품과 직원 활동, 비용 발생 부분을 파악하고, 포기 여부를 결정해야 한다. 당연히 생산적인 자원이 이런 부분에 배분되어서는 안 된다. 하지만 어느 부분을 포기해야 하는가? 어느 부분을 최소한의 노력으로 유지해야 하는가? 어느 부분이 중요한 기회로 바뀔 수 있고, 그런 변화를 위해 어떤 희생이 따르는가?


# 사실 분석

분석 단계에서 첫 번째로 할 일은 감정에 치우치지 않고 제품군을 직시하는 것이다. 모든 제품에 표준화된 질문을 던져야 한다. 즉 제품 수량, 시장 상황, 시장 전망 등이 어떠한지 질문해야 한다. 하지만 새롭게 점검해야 할 핵심적인 질문이 하나 있다. 제품이 어떤 기여를 하는가? 비용 대비 실제 수익이 얼마나 발생하는가?

이 분석에서 수익은 전체 매출에서 재료 비용과 공급 비용을 뺀 것으로 정의된다. 실제 비용은 다음과 같은 가정을 기반에 두고 추정한다. 즉 제품에서 이익을 얻는 데 필요한 거래 숫자(주문, 제품 생산량, 서비스 호출 등)와 비즈니스에서 발생하는 유사한 전체 거래 숫자에 따라 전체 비즈니스 비용에서 재료와 부품 비용을 뺀 것이다. 상당히 복잡하므로 구체적인 예를 들어보겠다.

한 기업의 연간 수익은 재료와 부품을 구매하는 비용을 제외하고 6,800만 달러다. 재료와 부품 비용을 제외한 총 비즈니스 비용은 5,600만 달러다.

A 제품은 연간 수익이 1,200만 달러다. 인보이스로 계산했을 때, 전체 거래 숫자의 24퍼센트에 해당한다. 따라서 실제 비용은 연간 1,350만 달러다. 이는 회계 숫자에서 나타나는 '공식적인' 이익 마진 12퍼센트와 매우 대조적으로 실제로는 마이너스다. ('과거 제품'에서 일반적으로 나타나는데, 주요 고객이 사라졌거나 수익이 안 나는데 여전히 시장에서 팔리고 있음을 의미한다.)

B 제품은 이익 마진이 3퍼센트밖에 되지 않지만, 순수익은 400만 달러다. 단일 제품으로는 수익에 최대의 기여를 하는 것이다. 이 제품은 많지 않은 50명 정도의 충성스러운 고객에게 상당량의 주문을 받는 제품이다.

위의 사례에서 보았듯, 사실 분석은 한 번에 하나의 제품이 아니라 한 번에 *모든 제품*을 살펴본다. 그 자체로 이례적이며 자주

하지 않는 분석이다.

세부 명세(breakdown)는 일반적으로 가장 중요하고 흥미로운 사실을 보여주는 분석이고, 고객과 시장, 유통경로, 최종 사용자에 대해서도 현재의 기여와 예상되는 기여에 따라 유사하게 분석해야 한다.

### 직원의 기여

사실 분석에서 제기되는 질문은 경제 데이터가 아니라 관리자의 판단을 요구한다. 다음은 내가 유용하다고 생각하는 질문 목록이다.

- 경제적 결과에 특별한 영향, 즉 전체 비즈니스 성과를 변화시킬 만큼 우수한 부분은 무엇인가?
- 매우 아니면, 상당히 성과에 해를 끼칠 정도로 부족한 부분은 무엇인가?
- 잘하고 못함에 관계없이 거의 차이가 없는 부분은 무엇인가?
- 이런 부분에서 어떤 결과가 나왔는가? 예상했던 결과와 어떻게 다른가?
- 장래에 현실적으로 어떤 결과를 예상할 수 있는가? 그 장래가 얼마나 먼 장래인가?

### 코스트 센터

여기서의 목표는 비용관리에 집중하면 목표를 달성할 수 있는 비즈니스를 분리하는 것이다. 이 분석을 실행할 방법을 설명하는 대신 전국적으로 유통되는 소비재 제조업체가 시행한 실제 연구 결과를 보여주려 한다('소비자의 돈: 어디로 가는가?'를 참고하자). 편의상 다양한 코스트 센터의 숫자는 절댓값으로 표시했고, 각각은 근사치다. 예를 들어 실제 연구에서 '전체 비용'은 90~94퍼센트 정도고, 다른 숫자는 그보다 더 가까운 값이다.

제조업체가 사용한 방법의 유일한 혁신은 '비용'을 고객이 제품에 쓴 돈으로 규정한 것이다(경제에 관해 이야기할 때는 이렇게 해야 한다). 다시 말하면, 이 분석은 하나의 비용 흐름에서 전체 경제 과정을 살펴보고, 비즈니스의 법적 실체에서 발생하는 비용만 고려한다는 회계사의 규제를 무시했다.

이 특정 사례의 결론은 분명하다. 대부분 기업이 비용관리를 집중하는 분야(예를 들어 제조)에서는 급진적으로 차별화된 프로세스 같은 실제적인 '돌파구'를 통한 예외를 제외하고는 얻을 것이 많지 않다는 점이다. 잠재적으로 가장 생산적인 코스트 센터는 비즈니스 밖(특히, 유통)에 존재하고, 일반적인 '비용 감축'과는 다르게 취급해야 하며, 경영진이 비용으로 거의 '인식하지' 못하는 부분이다.


## 해야만 하는 것

다음 단계는 현재 자원이 제품군, 직원 지원 활동, 코스트 센터

## 소비자의 돈: 어디로 가는가?

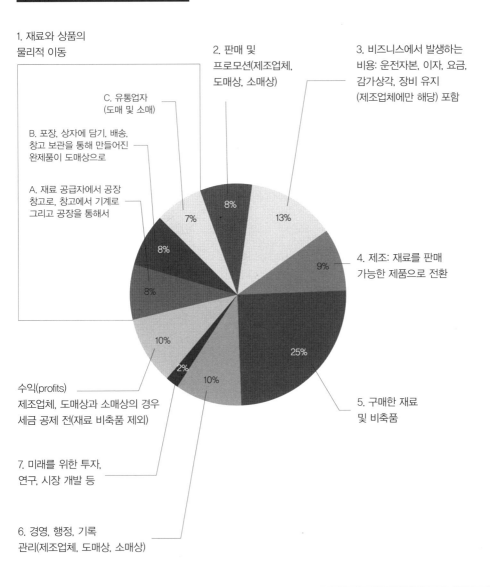

1. 재료와 상품의
물리적 이동

2. 판매 및
프로모션(제조업체,
도매상, 소매상)

3. 비즈니스에서 발생하는
비용: 운전자본, 이자, 요금,
감가상각, 장비 유지
(제조업체에만 해당) 포함

C. 유통업자
(도매 및 소매)

B. 포장, 상자에 담기, 배송,
창고 보관을 통해 만들어진
완제품이 도매상으로

A. 재료 공급자에서 공장
창고로, 창고에서 기계로
그리고 공장을 통해서

4. 제조: 재료를 판매
가능한 제품으로 전환

수익(profits)
제조업체, 도매상과 소매상의 경우
세금 공제 전(재료 비축품 제외)

5. 구매한 재료
및 비축품

7. 미래를 위한 투자,
연구, 시장 개발 등

6. 경영, 행정, 기록
관리(제조업체, 도매상, 소매상)

8%  7%  13%  9%  8%  8%  10%  2%  10%  25%

에 어떻게 분배되고 있는지 분석하는 것이다. 분석은 양적일 뿐 아니라 질적이어야 한다. 숫자 그 자체는 다음 질문의 답을 주지 못한다.

- 광고와 프로모션을 위한 비용이 올바른 제품에 쓰이고 있는가?
- 향후 회사가 얻을 수요에 대한 현실적인 예상치에 따라 자본설비가 배분되었는가?
- 회사의 업무 할당 계획이 최고의 인재들과 그들의 행동을 지원하는가?
- 훌륭한 인재들이 중요한 일에 집중하고 있는가, 아니면 너무 많은 업무를 하느라 한 가지 일도 제대로 하지 못하는가?

이러한 질문의 답은 종종 듣기 불편한 경우가 있는데, 그 불편함을 해결하는 방법은 심사숙고하는 것이다. 따라서 분배 단계에서 결정 단계로 이동하는 데는 용기가 필요하다.

## 우선순위 결정

여기서 적용되는 원칙은 한 가지다. *기회와 결과의 잠재력이 가장 큰 분야는 (다음으로 유망한 기회에 어떠한 지원을 하기 전에) 양적, 질적으로 최대한의 자원을 지원해야 한다는 것이다.*

가장 어렵고 위험한 의사결정을 내려야 하는 영역은 제품에 관련된 것인데, 선택이 분명하고 간단하지 않기 때문이다. 제품은 주로 다섯 개 그룹으로 분류되는데, 두 개는 기여도가 높을 것으로 예상하는 제품, 두 개는 기여가 낮거나 마이너스일 것으로 예상하는 제품, 하나는 그 중간에 있는 제품이다. 일반적으로는 다음과 같이 분류된다.

- *미래에 잘 팔릴 제품*: 신제품이거나 수정 혹은 개선되어 현재 잘 팔리는 제품이다(현재 잘 팔리는 제품에 변화가 생기는 경우는 거의 없다).
- *현재 잘 팔리는 제품*: 과거의 혁신 때문이다.
- *어떤 급진적인 변화가 있다면 잘 팔릴 가능성이 있는 제품*: 예를 들어 상당히 많은 고객을 보유했지만, 유용성이 제한적인 '특별 제품'을 대량생산이 가능한 새로운 '일반적' 제품으로 바꾸는 것이다(이는 '중간에 있는' 제품으로 분류된다).
- *과거에 잘 팔리던 제품*: 일반적으로 수량은 많지만 '특별 제품'으로 잘못 분류된 것으로, 주문이 많지 않고 벌어들이는 수입 전부나 그 이상을 지원해야 하는 제품이다. 하지만 이런 제품에 (다음에 설명할 그룹에 이어) 가장 좋은 자원이 가장 많이 할당된다('방어적 연구'가 일반적 예다).
- *'여전히 생산하고 있는' 제품*: 과거에 잘 팔릴 것으로 기대했지만 그렇게 잘 팔리지 않고, 그렇다고 완전한 실패도 아닌 제품이다.

항상 적자로 이어지고, 실제로 아무리 많은 자원을 쏟아부어도 성공작이 되지 못한다. 포기하기에는 너무 많은 경영진의 노고와 기술적 자부심이 들어간 제품이다.

- *완전한 실패작*: 보통 청산되기 때문에 실제 문제가 되는 경우는 드물다.

이런 순위는 의사결정을 내릴 때 따라야 할 선을 제시한다. 우선 첫 번째 분류에는 필요한 자원, 일반적으로 필요한 것보다 조금 더 많은 자원을 공급한다. 다음으로 현재 잘 팔리는 제품에도 지원한다. 이렇게 하면 인재가 많은 기업은 그들을 효율적으로 안배할 것이다. 주로 잘 팔릴 가능성이 있는 제품 중 성공적으로 개선될 가능성이 가장 높거나 개선될 경우 *엄청난* 기여를 할 것으로 기대되는 제품에 지원해야 한다.

그다음에는 가장 규모가 크고 경영이 잘 되고 있으며, 수익이 좋은 제품이라 할지라도 잠재력이 낮은 제품을 해결한다. 세 번째 그룹의 하위 절반부터 나머지 네 번째, 다섯 번째, 여섯 번째 그룹의 제품은 자원과 노력을 들이지 않고 생산하거나 생산을 중단해야 한다. 예를 들어 '과거에 잘 팔리던 제품'은 몇 년 더 높은 수익을 내는 손쉬운 돈줄이 될 수 있다. 하지만 제품 수요가 줄어들 때 더 많은 기대를 하고 자금을 쏟아붓는 것은 어리석은 짓이다.

4~5년 정도 열심히 노력했지만, 예상보다 훨씬 판매가 저조한 '여전히 생산하고 있는 제품'은 포기해야 한다. '거의 될 것 같은' 제

품만큼 많은 자원을 소모하는 제품도 없다. 회사의 모든 사람이 품질이나 디자인, 비용이나 제조의 어려움(엔지니어가 보통 '품질'이라고 말하는 것이다)에 있어서 '성공할 것'이라고 생각하는 제품이 특히 그렇다.

지금부터 하는 이야기는 '어떻게 해야 할 것인가'에 관한 최종적이면서도 가장 중요한 내용을 담고 있다. 한 번만 더 기회를 달라는 청원이나 회계사의 '간접비를 상쇄시킨다'는 그럴듯한 말, 판매 관리자의 '완전한 제품군이 필요하다'는 말에 휘둘리지 말고, 합리적인 결정을 밀고 나가는 용기가 필요하다. (물론 이런 말들이 전부 근거 없는 것은 아니지만, 이런 말을 증명할 책임은 그 말을 하는 사람에게 있다.) 경영진의 용기를 북돋을 수 있는 절차나 대조표를 안다면 좋겠지만, 그건 나도 모른다.

# 결론

이 글에서는 관리자의 실제 업무를 대략 이야기했다. 관리자는 행동 계획, 분석 방법, 필요한 도구에 대한 이해를 바탕으로 성장하는 비즈니스의 효과성 문제를 체계적으로 해결해야 한다.

해야 하는 일이 회사마다 다르겠지만, 한 가지 기본적인 진리가 있다. 모든 제품과 비즈니스 활동은 시작하자마자 낡기 시작한다는 것이다. 따라서 모든 제품과 사업, 비즈니스 활동은 2~3년에 한 번씩 검토해야 한다. 이런 검토는 새로운 제품이나 사업, 활동 제안서를 검토할 때와 마찬가지로 예산과 자금 책정 등이 완비되었는지를 포함한다. 다음 질문을 던져야 한다. '이 사업을 이미 하고 있지 않다면, 지금이라도 시작할 것인가?' 이 질문의 답이 '그렇지 않다'라면, '이것을 어떻게 얼마나 빨리 접을 것인가?'라고 질문해야 한다.

관리자가 하는 일의 최종 산물은 지식과 통찰이 아니라 결정과 행동이다. 중요한 결정은 노력의 배분과 관련된다. 아무리 고통스럽더라도 다음 원칙을 지켜야 한다. 자원, 특히 고급 인력을 배분할 때는 가장 유망한 분야에 최우선으로 배치해야 한다는 것이다. 다소 기대되지만 필수적이지 않은 사업에 쓸 생산적인 자원이 남지 않았다면, 잠재력이 낮은 것에 중요한 자원을 허비하지 않고 포기하는 편이 이득이다. 이를 위해서는 고통스럽고 위험한 결정이 필요하다. 하지만 그것은 관리자가 치러야 할 대가다.

(초판 1963년 5~6월 발행. 재인쇄)

## 핵심 포인트

생산적인 기업 관리자는 사용 가능한 자원에서 최적의 경제적 성과를 얻는다. 실제 비즈니스에서 관리자의 생산성을 높이는 데 매우 효과적이라고 증명된 중요한 단계는 다음과 같다.

(1) 기회와 제품 비용, 직원의 헌신, '비용 흐름'의 측면에서 사실을 분석한다.
(2) 현재와 미래의 자원 배분을 분석하고, 예상되는 결과에 따라 자원을 배분한다.
(3) 기회와 결과의 측면에서 가장 잠재력이 큰 분야를 고려해 우선순위를 두고 결정한다.

4장

목표를 달성하는
의사결정

피터 드러커의 경영을 읽다

．

．

．

　목표를 달성하는 경영진은 많은 의사결정을 내리지는 않는다. 그들은 중요한 일에 집중한다. 가장 고차원적인 개념에 대한 이해를 바탕으로 적은 수의 중요한 의사결정만 내린다. 그들은 하나의 상황에서도 변하지 않는 것을 찾으려 노력하고 '문제 해결' 대신 전략적이고 일반적인 것을 생각한다. 그래서 의사결정 속도에 크게 연연하지 않는다. 오히려 수많은 변수를 처리하는 고도의 기교를 중요하게 여긴다. 무엇에 관한 의사결정인지, 그리고 그 의사결정으로 발생하는 현실이 무엇인지를 알고자 한다. 그들은 기술력보다 영향력을 원한다. 그리고 현명함보다 건전함을 원한다.

　목표를 달성하는 경영진은 원칙에 따라 의사결정을 내리고, 언제 실질적인 의사결정을 내려야 하는지를 안다. 옳은 타협과 잘못된 타협 사이에 있는 까다로운 의사결정을 알고 그것을 구별한다. 의사결정 과정에서 가장 시간이 많이 드는 것이 결정이 아니라 실제 행동으로 옮기는 것이라는 점도 안다. 의사결정이 행동으로 옮겨지지 않으면, 그것은 의사결정이 아니다. 잘해봐야 좋은 의도일 뿐이다. 이는 목표를 달성하는 의사결정이 가장 고차원적인 이해에 바탕을 두고 있어야 하고, 행동으로 옮기는 것은 실제 그 일을 실행하는 사람의 역량에 가능한 한 가까워야 함을 의미한다. 목표를 달성하는 경영진은 의사결정에 체계적인 자체 프로세스와 명확히 정의된 요소가 포함되어 있음을 안다.

# 순차적인 단계

의사결정에 포함된 요소들이 스스로 결정을 '내리'지는 않는다. 모든 결정은 위험을 감수하는 판단이다. 하지만 이런 요소가 결정 과정의 디딤돌이 되지 못한다면 경영자는 효과적이고 올바른 결정을 내릴 수 없다. 이제부터 의사결정 과정의 순차적인 단계를 살펴보자.

1. *문제를 분류한다.* 포괄적인가? 예외적이거나 특이한가? 아니면 새로운 원칙을 필요로 하는 새로운 종류의 문제가 처음 나타난 것인가?
2. *문제를 정의한다.* 무엇을 다루고 있는가?
3. *문제의 답을 구체적으로 명시한다.* '경계 조건'이 무엇인가?

4. *경계 조건을 만족시키는 데 받아들일 수 있는 것이 아니라 '옳은 것'이 무엇인지 결정한다.* 의사결정을 수용하는 데 필요한 타협, 적응, 양보에 주목하기 전에, 경계 조건을 완전히 만족시키는 것은 무엇인가?

5. *의사결정에 실행할 수 있는 행동을 포함시킨다.* 어떤 행동이 필요한가? 누가 그것을 알아야 하는가?

6. *실제 상황을 염두에 두고, 의사결정의 유용성과 목표 달성 능력을 시험한다.* 의사결정을 어떻게 실행할 것인가? 바탕을 두고 있는 가정이 적절한가, 아니면 이미 낡은 것이 되었는가?

이 각각의 요소를 차례로 살펴보자.


# 분류


목표 달성 능력이 있는 의사결정자는 질문한다. 이 사안은 근본적인 무질서의 징후인가, 아니면 하나의 예외적인 사건인가? 일반적인 상황은 원칙에 따라 대응해야 한다. 하지만 예외적인 사건은 그 사건에 맞춰 대응해야 한다.

엄격히 말해 경영진은 두 개가 아니라 각기 다른 네 개의 상황을 구별해야 한다.

첫 번째는 일반적으로 개별적인 사건이 유일한 징표가 되는 상황이다. 경영진의 업무 '문제' 대부분은 이 상황에서 발생한다. 예를 들어, 재고에 관한 결정은 '결정'이 아니다. 각색(adaptations)이다. 이런 문제는 일반적이다. 제조 기업에서 언제나 발생하는 문제다. 예를 들어보자.

제품관리 그룹과 엔지니어 그룹은 일반적으로 한 달에 수백 건의 문제를 처리한다. 하지만 이런 문제를 분석할 때마다 대다수는 배후의 기본 상황이 발현된 것임을 알 수 있다. 공장의 한 부서에서 일하는 개개의 프로세스 관리 엔지니어와 생산 엔지니어는 보통 이를 보지 못한다. 그들은 매달 스팀이나 뜨거운 액체를 운반하는 파이프의 연결 고리 등 몇 가지 문제만을 본다.

수개월에 걸쳐 전체 그룹의 업무량을 분석했을 때만 일반적인 문제가 나타난다. 기존 장비로는 감당하기 힘든 온도나 압력이 나타난다거나, 여러 개의 선을 한데 모아 붙잡는 연결 부분이 더 많은 업무량을 처리하기 위해 새로 디자인되어야 한다는 등의 문제다. 이 분석을 할 때까지 프로세스 관리는 상황을 통제하지 못하고, 새는 곳을 고치는 데 엄청난 시간을 쓰게 된다.

두 번째는 개별 조직에서 발생한 사건이지만 실제로는 일반적인 문제 상황이다.

큰 회사에서 합병 제안을 받은 회사는 그 제안을 받아들이면 다시는 다른 합병 제안을 받지 못한다. 이는 회사와 이사회, 경영진이 생각하기에 다시 생기지 않을 상황이지만, 사실 항상 생기는 일반적인 상황이다. 제안을 수락할지, 아니면 거절할지 생각할 때는 일반적인 원칙이 필요하다. 경영자는 다른 기업의 경험을 참고해야 한다.

다음은 경영자가 구별해야 하는 정말로 예외적인 상황이다.

1965년 미국 동남쪽 세인트로렌스에서 워싱턴까지를 전부 어둠으로 몰아넣은 엄청난 정전은 최초 설명에 따르면 예외적인 상황이었다. 1960년대 초반 다수의 기형아가 태어난 원인이었던 탈리도마이드 비극도 마찬가지였다. 이런 사건이 발생할 확률은 천만 분의 일 혹은 일억 분의 일 정도고, 이런 사건이 연속해서 일어날 확률은 내가 앉아 있는 의자가 의자를 구성하고 있는 원자로 분해될 만큼 거의 일어나지 않을 확률이다.

정말로 특별한 사건은 일어나지 않는다. 그런 사건이 발생할 때마다 의사결정자는 정말로 예외적인 사건인지, 아니면 단지 새로운 종류의 사건이 처음 나타난 것인지를 묻는다. 이것, 즉 새로운 종류의 일반적인 문제의 발생은 의사결정 과정에서 다뤄야 할 네 번째이자 마지막 상황에 해당한다.

우리는 북동쪽의 정전과 탈리도마이드 비극이 현대의 전력 기술이나 약리학에서 처음으로 발생한 사건으로, 일반적인 해결책을 찾지 않으면 상당히 자주 발생할 수 있는 사건이라는 사실을 알게 된다.

정말 예외적인 경우를 제외한 모든 사건은 일반적인 해결책이 필요하다. 규칙, 정책, 원칙이 있어야 한다. 올바른 원칙이 만들어지고 나면 모든 같은 종류의 일반적 상황은 실용적으로 처리될 수 있다. 즉 구체적인 상황에 맞게 원칙을 적용하면 되는 것이다. 하지만 정말 예외적인 사건은 개별적으로 처리해야 한다. 경영진이 예외적인 사건을 고려해 규칙을 만들 수는 없다.

목표를 달성하는 의사결정자는 네 가지 상황 중 어떤 상황인지를 결정하는 데 시간을 쓴다. 상황을 제대로 분류하지 못하면 잘못된 결정을 내리기 때문이다.

지금까지 의사결정자의 가장 일반적인 실수는 일반적인 상황을 일련의 특별한 사건으로 취급한 것이다. 즉 일반적인 이해와 원칙이 부족한 상황에서 실용적인 결정을 내릴 것이다. 그로 인한 좌절과 헛된 노력은 피할 수 없는 결과다. 이는 케네디 정부가 국내외에서 펼쳤던 대부분의 정책 실패에서 찾아볼 수 있다.

모든 행정부 직원의 우수함에도 불구하고, 이 정부는 근본적으로 한가지 성공밖에 거두지 못했다. 쿠바의 미사일 위기를 해결한 것이다. 그 외에 정부가 실제로 거둔 업적은 없다. 가장 큰 이유는 행정부 사람들이 '실용주의'라고 부르는 원칙 때문인데, 말하자면 정부는 규칙이나 원칙을 만들기 거부했고 '상황에 따라' 모든 것을 훈련할 것을 고집했다. 하지만 행정부 직원을 포함해 모든 사람이 보기에 정책의 기반이 되는 기본 가정(전쟁 직후에 유용한 가정들)은 1960년대에 국내외적으로 점차 비현실적이 되어 갔다.

마찬가지로 새로운 사건을 다루는 데 있어 일반적인 실수는 마치 그것이 오래된 문제의 또 다른 사례인양 과거의 원칙을 적용하는 것이다.

뉴욕과 온타리오 경계에서 발생한 국지적인 정전이 눈덩이처럼 불어나 북동부 전체의 정전으로 커진 것은 실수였다. 발전소의 엔지니어들, 특히 뉴욕의 직원들은 일반적인 과부하에 맞는 원칙을 적용했다. 하지만 장비 분석에 따르면, 무언가 일반적이지 않은 상황이 벌어지고 있었고, 이는 기본 대책이 아닌 특별한 대책을 필요로 하는 상황이었다.

반면 쿠바 미사일 위기에 관한 케네디 대통령의 성과는 일반적이지 않은 예외적인 상황의 도전을 받아들이는 데서 비롯되었다. 이를 받아들이자마자 그의 엄청난 지식과 용기가 발휘되어 목표를 달성한 것이다.

# 규정

문제가 특별한 것인지, 일반적인 것인지 분류하고 나면 '무엇에 관한 문제인가?', '무엇이 적절한가?', '이 상황의 핵심은 무엇인가?'를 규정하기 쉬워진다. 이는 익숙한 질문들이다. 하지만 목표를 달성하는 의사결정자만이 이 단계에서 발생하는 위험은 잘못된 규정이 아니라, 그럴듯하지만 불완전한 규정이라는 사실을 깨닫는다.

미국 자동차 산업은 자동차 안전 문제에 있어 그럴듯하지만 불완전한 규정을 가지고 있었다. 1966년 이런 규정에 따라 결국 업계는 (안전 기술에 돈을 쓰지 않는 것보다 훨씬 더) 의회로부터 자동차의 불안전 때문에 갑작스럽고 날카로운 공격을 받았다. 업계가 안전에 관심이 없었던 것은 아니다.

오히려 업계는 고속도로 공학과 운전자 교육이 중요하다고 인식해 이를 더 안전하게 만들기 위해 노력했다. 당시 안전하지 않은 도로와 운전자 때문에 발생한 사고가 아주 많았다. 실제로 고속도로 경찰, 고등학교 등 자동차 안전과 관련된 모든 기관이 캠페인을 위해 동일한 목표 대상을 정했다. 캠페인은 효과를 거두었다. 안전을 강화한 고속도로에서 발생하는 사고 건수가 크게 줄어든 것이다. 마찬가지로 안전 교육을 받은 운전자가 일으키는 사고도 훨씬 줄어들었다.

자동차 천 대당 혹은 천 마일당 사고 비율은 줄어들었지만, 사고 건수는 증가하고, 사고의 심각성이 커졌다. 따라서 안전 법규가 만들어지고 안전에 관한 훈련을 했음에도 발생하는, 즉 많지 않지만 심각한 사고 발생 확률에 대한 조치가 필요했다.

이는 향후 안전 캠페인을 진행할 때 사고의 심각성을 상쇄할 공학 기술이 보충되어야 함을 의미했다. 자동차는 원칙대로 사용하면 안전을 보장받을 수 있게 만들어졌지만, 잘못 사용할 때도 안전을 보장받을 수 있도록 설계되어야 한다.

불완전한 규정의 함정에 빠지지 않기 위한 유일한 안전장치는 관찰할 수 있는 모든 사실을 바탕으로 반복해서 확인하고, 그 사실에 맞지 않으면 즉시 그 규정을 폐기하는 것이다.

목표를 달성하는 의사결정자는 항상 이례적이거나 일반적이지 않은 일이 발생한 것인지를 살펴보고 질문을 던진다. 관찰 상황을 규정으로 설명할 수 있는가? 모든 것을 설명할 수 있는가? 그들은 항상 규정이 어떤 일을 기대하고 만들어졌는지를 확인한다. 예를 들어 '자동차 사고를 없앤다'는 글을 써두고 실제로 그렇게 되는지를 정기적으로 확인한다. 또한 이례적인 상황이나 설명되지 않는 현상이 발생하거나, 사건의 진행이 예상을 벗어날 때는 다시 원점으로 돌아가 숙고한다.

이는 본질적으로 2000여 년 전 히포크라테스가 의학 진단을 위해 규정한 규칙이다. 아리스토텔레스가 처음 만들고, 약 300년 전 갈릴레오가 재확인한 과학적 관찰을 위한 규칙이다. 다시 말해 오래되고 잘 알려져 있으며, 오랜 기간에 걸쳐 검증된 규칙이다. 경영자는 이를 배우고 체계적으로 적용할 수 있어야 한다.

## 요건

의사결정 과정에서 다음으로 중요한 요소는 '결정으로 무엇을 달성하고자 하는가'에 관한 명확한 요건(specifications)이다. 결정의 목적이 무엇인가? 최소한의 목표는 무엇인가? 만족시켜야 하는 조건은 무엇인가? 과학에서는 이를 '경계 조건(boundary condi-tions)'이라고 부른다. 목표를 달성하는 의사결정을 위해서는 경계 조건을 만족시켜야 한다. 다음을 살펴보자.

앨프리드 슬론은 1922년 GM의 수장이 되었을 때 '부서장들에게 자율성을 뺐으면 우리의 요구를 만족시킬 수 있는가?'라고 자문했다. 질문에 대한 그의 답은 확실히 부정적이었다. 그가 던진 문제의 경계 조건은 최고 관리자들의 힘과 책임을 요구했다. 이는 통합과 관리만큼 중요했다. 슬론 이전 사람들은 문제를 성격에 관한 것으로 보았다. 모든 문제를 한 사람이 승리를 거둬야 하는 권력 다툼을 통해 해결된다고 본 것이다. 슬론은 경계 조건이 새로운 구조를 통해 해결되어야 함을 깨달았다. 즉 중앙의 방향, 정책, 운영의 자율성이 균형을 이루는 분권화를 통해 해결해야 한다는 것이다.

경계 조건을 만족시키지 못하는 의사결정은 문제를 잘못 규정한 의사결정보다 나쁘다. 올바른 전제에서 시작했지만, 올바른 결론에 도달하지 못하는 의사결정은 없다. 또한 경계 조건에 대한 분명한 생각은 언제 결정을 포기해야 하는지 아는 것을 포함한다. 의사결정 실패의 가장 일반적인 원인은 처음부터 잘못되었기 때문이 아니다. 오히려 이전의 올바른 의사결정을 갑자기 부적절한 것으로 만들어 버리는 목표, 즉 요건의 변동 때문이다. 의사결정자가 경계 조건을 분명히 하지 않으면, 그래서 의사결정이 새롭고 적절한 정책으로 즉시 교체되면, 그는 그런 변화가 있었다는 것도 눈치채지 못할 수 있다. 예를 들어보자.

프랭클린 루스벨트는 1932년 보수당 후보에서 1933년 급진파 대통령으로 입장을 바뀌었다는 이유로 공격을 받았다. 하지만 변한 것은 루스벨트가 아니었다. 1932년 여름에서 1933년 봄 사이에 발생한 급작스러운 경제 붕괴가 요건을 변화시킨 것이다. 국가 경제 회복을 위해 적절했던 보수적인 경제정책이 갑작스런 휴일처럼 이제는 적절하지 않은 것이 되었고, 목표는 정치사회적 통합으로 바뀌어야 했다. 경계 조건이 변했을 때 루스벨트는 즉각 이전의 경제적 목표(회복)를 정치적 목표(개혁)로 대체했다.

경계 조건을 생각할 때는 모든 가능한 의사결정 중 무엇이 가장 위험한지를 파악해야 한다. 그것은 만족시켜야 할 요건이 본질적으로 양립할 수 없는 경우다. 다시 말해 아무것도 잘못되지 않았다면 제대로 효과를 보았을 결정이다. 케네디 대통령의 피그만 침공 결정이 그 선형적인 사례다.

카스트로 정권 전복이 하나의 요건이었다. 다른 하나는 침공을 쿠바인들의 '자발적인' 반란으로 보이게 만드는 것이었다. 하지만 이 둘은 카스트로에 대항한 쿠바 전체의 즉각적인 반란이 쿠바군을 완전히 무력화시킬 때만 양립 가능한 요건이었다. 이는 쿠바 같은 엄격하게 통제되는 경찰국가에서는 불가능한 일이었다.

이런 종류의 의사결정은 보통 '도박'으로 여겨진다. 하지만 실제로 그런 의사결정은 합리적으로 내려진다. 즉 두 개의 양립 불가능한 요건이 동시에 충족될 수 있다는 불가능에 희망을 거는 것이다. 기적을 바라는 것이다. 기적의 문제점은 너무 드물게 일어난다는 것이 아니라 신뢰할 수 없다는 것이다.

누구나 결정을 잘못 내릴 수 있다. 실제로 우리는 가끔은 잘못된 결정을 내린다. 하지만 경영진은 겉으로 보기에 그럴듯하지만, 실제로는 경계 조건을 만족시키지 못하는 의사결정을 내려서는 안 된다.

## 의사결정

목표를 달성하는 경영진에게는 항상 타협이 필요하므로, 수용 가능한 것이 아니라 '옳은' 것에서 시작해야 한다. 하지만 경계 조건을 만족시키는 것이 무엇인지 모르면 옳은 타협과 잘못된 타협을 구별할 수 없고, 잘못된 타협을 할 수도 있다. 다음을 살펴보자.

내가 이 교훈을 얻은 것은 1944년에 처음으로 큰 컨설팅 과제를 맡아 시작했을 때다. 그 과제는 GM의 경영 구조와 정책에 관한 연구였다. 당시 회장이자 최고 경영자였던 앨프리드 슬론은 이 과제를 시작할 때 나를 사무실로 불러 말했다.

"나는 당신에게 무엇을 연구해야 할지, 무엇을 써야 할지, 어떤 결론을 내려야 할지 말하지 않을 것입니다. 그 일은 당신의 임무입니다. 내 유일한 지시는 당신이 보기에 옳다고 생각하는 것을 적으라는 것입니다. 우리의 반응은 신경 쓰지 않아도 됩니다. 우리가 그것을 좋아할지 싫어할지 걱정하지 않아도 됩니다. 그리고 당신이 내릴 결론을 관철시키는 데 필요한 타협점도 신경 쓰지 않아도 됩니다. 우리 회사에는 타협점을 찾는 방법을 모르는 경영진이 한 명도 없습니다. 하지만 당신이 우선 무엇이 옳은지를 말해주지 않으면 타협점을 찾을 수 없습니다."

목표를 달성하는 경영진은 타협에는 두 종류가 있다는 것을 안다. 하나는 '빵 반쪽이라도 없는 것보다는 낫다'는 속담으로 표현할 수 있다. 다른 하나는 솔로몬의 심판 이야기에 나오는 '한 아이를 반으로 가르는 것은 아이가 없는 것보다 더 나쁘다'는 깨달음에

기반을 둔다. 첫 번째 경우는 경계 조건을 여전히 만족시킨다. 빵의 목적은 음식을 제공하는 것이고, 반쪽의 빵도 음식이다. 하지만 아이를 반으로 가르는 것은 경계 조건을 만족시키지 못한다. 아이가 살아서 성장할 수 없기 때문이다.

어떤 것이 받아들여질지, 그리고 의사결정자가 반발을 일으키지 않도록 어떤 말을 해야 할지 말아야 할지를 걱정하는 것은 시간 낭비다. (걱정하는 일은 일어나지 않고, 아무도 생각하지 못했던 반대나 어려움은 갑자기 발생해 극복하기 어려운 걸림돌이 되기 때문이다.) 다시 말하면 의사결정자는 '무엇을 받아들일 수 있는가?'라는 질문으로 시작해서 얻을 수 있는 것이 전혀 없다는 말이다. 그 질문에 답하는 과정에서 의사결정자는 보통 중요한 것을 양보하고 목표를 달성하며 옳은 답을 얻을 기회를 잃는다.


## 행동


의사결정을 행동으로 바꾸는 일은 의사결정 과정에서 다섯 번째로 중요한 요소다. 경계 조건을 생각하는 것이 의사결정에서 가장 어려운 단계지만, 결정을 목표를 달성하는 행동으로 옮기는 일은 시간이 가장 많이 소요되는 일이다. 하지만 처음부터 결정에 행동이 포함되지 않으면 목표를 달성하는 의사결정이 되지 못한다. 실제로 행동으로 옮기는 단계가 누군가의 과제이자 책임으로 정해지지 않으면 의사결정을 내리지 못한다. 그때까지는 의사결정이 아니라 좋은 의도일 뿐이다.

수많은 정책 성명서, 특히 기업의 성명서에 나타나는 결함은 행동을 포함하지 않는다는 것이다. 즉 행동으로 옮기는 것이 누군가의 업무나 책임으로 정해지지 않는다. 조직원들이 성명서를 최고 경영진이 실제로 하지 않을 것에 대한 선언까지는 아니더라도 냉소적으로 바라보는 것도 놀라운 일이 아니다.

의사결정을 행동으로 옮기려면 다음 질문에 답해야 한다. 이 의사결정을 누가 알아야 하는가? 어떤 행동을 취해야 하는가? 누가 그 행동을 할 것인가? 어떤 행동이어야 하는가? 그 행동을 담당자가 실제로 할 수 있는가? 보통 첫 번째 질문과 마지막 질문을 종종 간과하는데, 이는 심각한 결과를 초래한다. 운용과학 연구자들 사이에 전설이 된 이야기는 '누가 알아야 하는가?'라는 질문의 중요성을 보여준다.

몇 년 전, 한 주요 산업 장비 제조업체가 수년간 기계 생산 라인의 표준이 되었고, 여전히 많이 사용되는 장비의 생산을 중단하기로 했다. 기존 장비 사용자들에게 3년간 교체용으로 그 모델을 판매한 후 제조와 판매를 중단하기로 했다. 그 모델은 주문이 오랫동안 줄고 있었다. 그런데 그 모델을 더는 팔지 않을 것이라고 하자 고객의 재주문이 급증했다. 하지만 아무도 '이 의사결정을 누가 알아야 하는가?'라고 질문하지 않았다.

그 모델에 사용되는 부품의 구매를 담당하는 직원에게 아무도 생산 중단 결정을 알려주지 않았다. 그 직원에게는 현재 판매량에 맞게 계속 부품을 구매하라는 지시가 있었고, 그 지시는 변하지 않았다.

생산 중단 시점이 왔을 때 회사 창고에는 향후 8~10년 더 그 모델을 생산할 수 있을 만큼의 부품이 쌓여 있었고, 회사는 상당한 손해를 감수하고 그 부품들을 팔아야 했다.

행동은 그 행동을 실행할 사람의 역량에 적합해야 한다. 다음을 살펴보자.

최근 한 미국의 대규모 화학 회사가 서아프리카의 두 나라에서 상당한 금액의 통화 송금을 봉쇄당했다. 그 돈을 지키기 위해 최고 경영진은 (1) 지역 경제에 도움이 되고, (2) 해외 수입이 필요 없으며, (3) 통화 송금이 다시 가능해졌을 때 지역 투자자에게 매도할 수 있는 지역 비즈니스에 투자하기로 했다. 회사는 그 비즈니스를 위해 당시 서구 시장에 수송하는 동안 쉽게 상하는 열대 과일을 보관하는 간단한 화학 공정을 개발했다.

두 나라에서 비즈니스는 성공적이었다. 한 나라의 관리자는 서아프리카에서 쉽게 찾아볼 수 없는 기술과 경영 숙련도를 가지고 비즈니스를 수립했다. 다른 나라의 관리자는 그 비즈니스를 운영하게 될 사람들의 역량을 고려했다. 그는 공정과 비즈니스를 단순하게 만들었고, 낮은 직급부터 최고 경영진에 이르는 운영 전체에 지역 사람들을 고용했다.

몇 년 후, 두 나라에서 통화 송금이 가능해졌다. 비즈니스는 성공적이었지만, 첫 번째 나라에서는 비즈니스를 인수하겠다는 사람을 찾지 못했다. 비즈니스를 운영하는 데 필요한 경영 능력과 기술을 가진 지역 사람이 없었기 때문에, 결국 손해를 보고 비즈니스를 청산해야 했다. 다른 나라의 경우, 다수의 지역 기업가들이 비즈니스를 인수하려 했기 때문에 회사는 상당한 이익과 함께 초기 투자금을 본국으로 송환할 수 있었다.

화학 공정과 비즈니스는 두 나라에서 근본적으로 같았다. 하지만 첫 번째 나라에서는 아무도 '이 의사결정을 통해 목표를 달성하려면 어떤 사람들이 필요한가? 그들이 무엇을 할 수 있는가?'라고 질문하지 않았다. 그래서 실패했다.

이런 행동은 목표를 달성하는 의사결정을 하기 위해 태도, 습관, 사고방식을 바꾸어야 할 때 두 배 더 중요해진다. 여기서 경영자는 행동의 책임을 분명히 누군가에게 맡겨야 할 뿐 아니라, 그 사람이 그 일을 실행할 능력이 있는지 확인해야 한다. 즉 의사결정자는 성과 달성의 기준, 행동을 책임질 사람의 인센티브가 동시에 바뀌어야 한다는 사실을 확인해야 한다. 그렇지 않으면 내부 구성원들이 감정적으로 갈등하게 된다. 두 사례를 살펴보자.

• 60년 전 벨 텔레폰(Bell Telephone)의 회장으로 재직했을 당시 시어도어 베일(Theodore Vail)은 자신들의 비즈니스는 서비스에 관련

된 것이라고 결정했다. 그 결정은 오늘날 미국(과 캐나다)에서 전화 시스템이 왜 국가 소유가 아니라 주주 소유인지를 설명한다. 하지만 그 정책 성명서는 베일이 서비스 성과의 기준을 정하고, 그것을 경영진의 성과를 측정하고 보상하는 수단으로 도입하지 않았다면, 여전히 효력이 없는 문건이었을 것이다. 당시 벨의 관리자들은 자신이 맡은 부서의 수익성(혹은 적어도 비용)에 따라 성과를 평가받았다. 새로운 기준은 새로운 목표를 빨리 받아들이게 했다.

- 이와 대조적으로 오래되고 유명한 미국의 한 대기업에서는 회장과 경영진이 새로운 조직 구조와 목표를 효과적으로 만드는 데 실패했다. 변화가 필요하다는 것에는 모두가 동의했다. 오랫동안 업계 선두였던 회사에 노후화의 징표가 확실히 나타났다. 새롭고 작지만 더 공격적인 경쟁자들이 시장에 진입했다. 이런 새로운 아이디어를 받아들이는 데 필요한 행동과는 반대로, 회장은 반대의 목소리를 잠재우기 위해 이전 시대의 유명한 사람들을 가장 눈에 띄고, 연봉이 높은 자리로 승진시켰다. 특히 세 명을 새로운 부사장 자리에 임명했다. 그것은 회사 사람들에게 한 가지 진실을 보여주었는데, '정말로 변화할 의지가 없다'는 것이었다. 새로운 행동에 필요한 것과 반대되는 행동에 가장 큰 보상이 돌아간 것은 가장 높은 자리에 있는 사람들이 실제로 원하는 것이 그것이라는 결론을 내리게 했다.

목표를 달성하는 최고의 경영진만이 베일처럼 할 수 있다. 자신의 의사결정에 따라 실행하는 것이다. 어떤 결정이 어떤 행동을 요구하는지, 그 일을 어떻게 할당할 것인지, 누가 그 일을 담당하게 할 것인지는 모든 경영진이 고민해야 할 문제다.

## 피드백

마지막으로 의사결정의 기반이 되는 기대치를 실제 상황과 비교해 계속 시험해 보려면, 정보 모니터링과 보고가 의사결정에 포함되어야 한다. 결정은 사람이 내린다. 사람은 누구나 실수한다. 사람이 하는 일은 아무리 잘해도 오래 지속되지 못한다. 최고의 의사결정도 잘못될 가능성이 크다. 목표를 완수한 의사결정도 결국 낡은 것이 된다.

모든 의사결정을 문서로 기록할 필요는 없다. 모든 경영자는 항상 상황을 컨트롤하기 위해 자신의 의사결정에 보고서, 수치, 연구 같은 조직된 피드백을 포함시킨다. 하지만 수많은 의사결정이 피드백 보고에도 불구하고 기대했던 결과를 내지 못하거나 무용해진다. 스위스 지도(추상적인 것)를 본다고 해서 마터호른의 경치가 시각화되지 않는 것처럼, 보고서를 열심히 본다고 해서 완전하고 정확한 의사결정을 내릴 수는 없다. 보고서는 추상적이기 때문이다.

목표를 달성하는 의사결정자는 이를 알고 군대에서 오래전에 개발했던 규칙을 따른다. 의사결정을 내리는 지휘자는 실행 여부를 확인할 때 보고에 의존하지 않는다. 지휘자나 부관이 직접 가서 눈으로 확인한다. 목표를 달성하는 의사결정자(혹은 효과적인 지휘자)가 부하를 믿지 못해서가 아니다. 추상적인 '소통'을 믿지 말라는 것을 어렵게 깨달았기 때문이다.

컴퓨터의 등장으로 의사결정자는 실행 상황에서 더욱 멀어질 것이므로, 피드백이라는 요소는 더욱 중요해질 것이다. 의사결정자가 직접 가서 실행되는 것을 보아야 한다는 사실을 받아들이지 않으면, 그는 더 현실과 멀어질 것이다. 컴퓨터가 처리할 수 있는 일은 모두 추상적이다. 추상적인 것은 구체적인 결과와 비교해 끊임없이 확인할 때만 믿을 수 있다. 그렇지 않으면 오도될 수 있다.

의사결정에 바탕이 된 가정이 여전히 유용한지, 아니면 낡은 것이 되어 재고할 필요가 있는지 검토하고자 한다면, 실제로 가서 보는 것이 유일하지 않지만 가장 좋은 방법이라고 조언하겠다. 경영자는 항상 가정이 머지않아 구식이 된다는 사실을 예상해야 한다. 현실은 결코 오래 유지되지 않는다.

이제는 적절하거나 합리적이지 않은 행동을 계속하는 이유는 경영자가 실제로 가서 보지 않기 때문이다. 정부 정책이건 기업의 사업 결정이건 마찬가지다. 스탈린의 냉전 정책 실패, 유럽이 다시 번영을 누린다는 현실에 맞춰 정책을 조정하지 못했던 미국의 무능함, 유럽 공동 시장이라는 현실을 너무 늦게 받아들인 영국의 실패도 다 같은 이유 때문이다. 그리고 모든 기업의 경영진이 고객,

시장, 경쟁자와 그들의 상품을 직접 눈으로 보지 않는 것은 목표 달성을 막고, 잘못된 결정을 내리게 만드는 주된 이유다.

의사결정자는 조직적인 피드백 정보가 필요하다. 보고서와 수치가 필요하다. 하지만 현실에 맞춰 피드백을 받지 못하거나 실제로 가서 눈으로 보지 않으면, 그들은 아무 소득 없는 독단에 빠지게 된다.

## 결론

의사결정은 경영진의 업무 중 하나일 뿐으로, 경영진의 업무 시간 중 매우 일부만을 사용하는 일이다. 하지만 중요한 결정을 내리는 것은 경영자의 *특별한* 업무다. 경영자만이 그런 결정을 내린다.

*목표를 달성하는* 경영진은 성공적인 의사결정을 내리기 위해 확실히 규정된 요건과 분명한 단계를 거쳐야 하는 체계적인 프로세스를 만든다. (지위와 지식을 이용해) 전체 조직, 성과, 결과에 중요하고 긍정적인 영향을 끼칠 의사결정을 내리는 것이 목표 달성 능력이 있는 경영진이 해야 할 일이다.

(초판 1967년 1~2월 발행, 재인쇄)

## 핵심 포인트

목표를 달성하는 의사결정에는 순차적인 단계가 필요하다. 목표를 달성하는 의사결정에는 결정을 내려야 하는 사안이 일반적인 문제인지, 혹은 특이한 문제인지 파악하고, 문제를 정의하고, 필요한 구체적인 조건을 밝히고, 수용 가능한 것이 아니라 옳은 것이 무엇인지 결정하고, 결정에 행동을 포함하고, 유용성을 시험할 피드백을 이용하는 일이 포함된다.

5장

# 어떻게 인사 결정을
# 내릴 것인가

피터 드러커의 경영을 읽다

．

　　　．

　　　．

　경영진은 그 어떤 일보다 사람을 관리하고 인사 결정을 내리는 데 많은 시간을 쓰고, 또 그렇게 해야 한다. 경영진의 의사결정 중에 인사 결정보다 결과가 더 오래가거나 없던 일로 하기 어려운 의사결정은 없다. 하지만 경영진은 승진이나 채용에서 좋지 않은 의사결정을 내리는 경우가 많다. 어떻게 보아도 그들의 의사결정 평균 성공률은 30퍼센트를 넘지 않는다. 잘해야 의사결정의 3분의 1은 옳은 것이고, 3분의 1은 영향이 미미하고, 나머지 3분의 1은 완전히 실패한 것이다.

　그 어떤 경영 부서도 그런 비참한 결과를 내지 않았다. 그럴 필요도 없고 그래서도 안 된다. 인사 결정을 내리는 관리자는 완벽할 수는 없더라도 성공에 매우 근접해야 한다. 인사 결정만큼 잘 알고 있는 분야도 없기 때문이다.

　어떤 경영진은 거의 완벽하게 인사 결정을 내린다. 진주만 습격 당시 미군의 모든 장교는 나이가 많았다. 젊은 사람들이 전투나 중요한 지휘에서 검증된 것은 아니었지만, 미국에는 제2차 세계대전 당시 그 어떤 군대보다 더 훌륭하고 경쟁력 있는 장교가 많았다. 육군 참모총장이던 조지 마셜은 직접 부하를 골랐다. 모든 선택이 성공적이지는 않았지만, 완전히 실패한 적도 없었다.

40여 년간 GM을 이끈 앨프리드 슬론은 GM의 경영진부터 제조 관리자, 회계 담당자, 엔지니어링 관리자, 가장 작은 부서의 정비공에 이르는 모든 사람을 직접 뽑았다. 오늘날 기준으로 볼 때 슬론의 비전과 가치는 매우 편협해 보이고, 또 실제로 그랬다. 그는 GM의 실적에만 관심을 두었다. 그런데도 인재를 올바른 자리에 배치하는 그의 능력에는 결함이 없었다.

## 기본 원칙

사람을 판단할 때는 실수가 따른다. 적어도 천국의 문(Pearly Gates)의 이쪽 편에서는 그렇다. 그런데도 인사 결정을 심각하게 받아들이고 판단하는 경영진은 많지 않다.

마셜과 슬론은 성격은 매우 달랐지만, 두 사람 모두 인사 결정을 내릴 때 상당히 유사한 원칙을 따랐다.

• 어떤 사람을 어떤 자리에 앉혔는데 그 사람이 성과를 내지 못하

면, 그것은 내가 실수했기 때문이다. 나는 그 사람을 비난할 자격이 없고 '피터의 법칙'을 들먹일 권한이 없으며, 불평할 자격이 없다. 내가 실수한 것이다.

- '모든 군인은 유능한 지휘관을 만날 권리가 있다'는 말은 이미 줄리어스 시저 때부터 쓰인 오래된 격언이다. 조직 구성원이 성과를 내게 만들 책임은 관리자에게 있다.

- 경영자가 내리는 모든 결정 가운데 인사 결정만큼 중요한 것은 없다. 조직의 성과 역량을 결정하기 때문이다. 따라서 이런 결정은 제대로 내려야 한다.

- '하지 말아야 할 것'이 한 가지 있다. 새로운 사람에게 새로운 중요한 임무를 맡기지 말라는 것이다. 그렇게 하면 위험이 더 커질 뿐이다. 그런 업무는 업무 습관이 훌륭하고 태도가 긍정적인, 조직 내에서 신뢰를 받은 사람에게 맡겨야 한다. 직급이 높은 새로운 직원은 기대치가 확실하고, 도움받을 수 있는 자리에 앉혀야 한다.

내가 본 최악의 인사 결정 실패 중에는 미국 기업의 유럽인 채용과 관련된 것이 있다. 하나는 피츠버그에 다른 하나는 시카고에 본사를 둔 기업이 내린 인사 결정이었다. 그들은 유럽에서 새로운 벤처사업을 이끌 사람을 뽑으려 했다. 한스 슈미트와 장 페린(가상 이름이다)은 처음 왔을 때 천재로 칭송받았다. 일 년 후 둘 다 해고되었고, 그렇게 인사 결정은 완전히 실패했다.

피츠버그의 그 누구도 슈미트가 새로운 업무를 생각하고 학습하고 계획하고 준비하는 데 6~9개월이 필요하다는 사실을 이해하지 못했다. 슈미트도 피츠버그에서 즉각적인 행동과 결과를 기대할 것이라고는 상상하지 못했다. 시카고의 그 누구도 페린이 믿을 만하고 결단력이 있지만, 잘 흥분하고 변덕스러우며 팔을 흔들어 대며 사소한 것을 길게 이야기하고 계속해서 시안을 보내는 사람이라는 사실을 알지 못했다. 두 사람은 후에 유럽의 주요 기업에서 매우 성공적인 최고 경영자가 되었지만, 그들을 알지 못하고 이해하지 못한 기업에서는 완전히 실패했다.

같은 기간(1960년대 말부터 1970년대 초)에 두 미국 기업은 유럽에서 처음으로 비즈니스를 성공적으로 시작했다. 프로젝트에 착수하기 위해 유럽에서 일하거나 살아본 적은 없지만, 본사에서 잘 알고 있는 두 명의 미국인 경영자를 유럽에 파견했다. 둘은 회사를 아주 잘 알고 있었다. 동시에 각 조직은 여섯 명의 젊은 유럽인을 고용해 미국에서 중간 관리자 자리에 앉혔다. 몇 년간 두 회사는 유럽에 견고한 비즈니스를 만들었고, 경험 많고 믿을 만한 경영진이 그 비즈니스를 운영했다.

윈스턴 처칠(Winston Churchill)의 조상인 말보로 공작은 300년 전 이렇게 말했다. "연합 전투의 가장 기본적인 문제는 승리를 성과가 아닌 명성으로만 알고 있는 동료 지휘관에게 지휘를 맡겨야 한다는 점이다. 자신의 목숨이 달려 있지 않다면."

군대와 마찬가지로 기업도 어느 정도 시간이 지나 사람에 대해 개인적으로 알지 못하면 신뢰할 수도 효과적으로 소통할 수도 없다.

# 의사결정의 단계

의사결정을 내릴 때 따라야 하는 기본 원칙들이 있는 것과 마찬가지로, 목표 달성 능력에 근거해 승진과 채용을 결정할 때 따라야 하는 몇 가지 중요한 단계가 있다.

## 1. 업무에 대해 심사숙고한다

업무와 관련된 설명은 오래 지속될 수 있다. 예를 들어 한 대규모 제조업체가 권한을 분산한 지 30년이 흘렀지만, 부서 총책임자의 업무는 거의 바뀌지 않았다. 로마 가톨릭교회 주교의 업무도 13세기 처음 교회법에 성문화된 이후 전혀 변하지 않았다. 하지만 업무는 항상 예상치 못하게 변한다.

1940년대 초반 슬론은 작은 부서의 판매 관리자를 뽑기 위해 조건이 비슷한 세 명을 두고 고민했다. 나는 그에게 상당히 낮은 직급의 업무를 고려하는 데 과도하게 많은 시간을 쓰는 것처럼 보인다고 말했다. 그러자 슬론은 "그 자리에 사람을 뽑기 위해 몇 번이나 그 업무를 살펴보았는지 생각해보시오"라고 대답했다. 놀랍게도 업무가 매번 달랐다는 사실을 알게 되었다.

제2차 세계대전 당시 사단장을 뽑을 때 조지 마셜은 향후

18~24개월 동안 필요한 업무의 성질을 우선 살펴보았다. 사단을 만들어 훈련하는 것이 하나의 업무였다. 전투에서 사단을 이끄는 것은 또 다른 일이었다. 크게 패했던 사단의 지휘를 맡고 사기와 전투력을 회복시키는 것은 또 달랐다.

새로운 지역 판매 관리자를 뽑을 때 책임감 있는 경영자는 우선 업무의 핵심이 무엇인지를 알아야 한다. 예를 들어, 현재 판매 인력이 은퇴할 때가 되었기 때문에 새로운 세일즈맨을 뽑아 훈련하는 것이라면? 또는 기존 지역에서는 잘 팔리고 있지만 새롭게 성장하는 시장에는 제품이 들어가지 못해 새로운 시장을 개척해야 하는 것이라면? 아니면 판매량의 상당 부분이 여전히 25년 된 제품에 의존하고 있기에 새로운 제품 시장을 만들어야 하는 것이라면? 각각은 모두 다른 업무고, 다른 사람을 필요로 한다.

## 2. 잠재적으로 자격을 갖춘 사람들을 여럿 살펴본다

여기서 핵심적인 단어는 '여럿'이다. 공식적인 자격 요건은 기본적인 고려 사항이다. 자격 부족은 후보자를 자동으로 배제시킨다. 마찬가지로 업무와 사람이 서로 잘 맞아야 한다. 목표를 달성하는 의사결정을 내리기 위해 경영진은 3~5명 정도의 후보를 살펴보아야 한다.

## 3. 후보를 어떻게 살펴볼지 심사숙고한다

업무를 살펴보면, 경영자는 새로운 사람이 우선순위를 두고 노력해야 하는 부분이 무엇인지를 이해하게 된다. 중요한 질문은 '그 후보가 어떤 일을 할 수 있는가, 혹은 하지 못하는가?'가 아니다. '각각 어떤 강점이 있고, 그것이 업무에 필요한 강점인가?'라고 질문하는 것이 더 중요하다. 약점은 물론 후보자를 탈락시키는 제약 조건이다. 예를 들어 어떤 후보가 기술적인 면에서는 아주 뛰어나지만, 업무에서 무엇보다 요구되는 능력이 팀을 이끄는 것인데 그 능력이 부족하다면, 그 사람은 업무에 맞지 않는 것이다.

그러나 목표를 달성하는 경영진은 후보자의 약점을 찾는 데서 인사 결정을 시작하지 않는다. 약점을 바탕으로 성과를 내는 것이 아니기 때문이다. 강점은 기본적으로 성과를 낸다. 마셜과 슬론 모두 쉽게 만족하지 않는 사람이었지만, 둘 다 업무 능력이 중요하다는 사실을 알고 있었다. 능력이 있다면 나머지는 회사가 지원할 수 있지만, 능력이 없다면 나머지는 쓸모없게 된다.

예를 들어 훈련을 담당할 사람이 필요했던 마셜은 신입 병사를 한 명의 군인으로 만들어줄 사람을 찾았다. 그 일을 잘하는 사람은 대체로 다른 면에서 심각한 약점이 있었다. 한 명은 작전 지휘관으로는 아주 뛰어났지만, 전략가로서는 가망이 없었다. 또 다른 사람은 말실수가 잦아 언론을 상대하기 어려웠다. 세 번째 사람은 거만하고 허영심이 많으며 자아가 강해 항상 상사와 다퉜다. 이런 것들을 다 떠나서 신입 병사를 훈련할 수 있는가? 만약 그렇다면, 아니 '그 사람이 최고의 적임자다'라고 답할 수 있다면 그 사람에게 업무를 맡겼다.

내각에 사람을 뽑을 때 프랭클린 루스벨트와 해리 트루먼은 이렇게 말했다. "개인적인 약점은 신경 쓰지 마라. 각자가 무엇을 할 수 있는지 우선 말해달라." 두 대통령이 20세기 미국 역사상 가장 강력한 내각을 가졌던 것은 우연이 아닐 것이다.

### 4. 후보들과 같이 일했던 사람들에게 평판을 들어본다

한 경영자의 판단만으로는 인사 결정에 성공하기 어려울 수 있다. 인간은 누구나 첫인상과 편견, 호불호가 있으므로 다른 사람의 생각에도 귀를 기울여야 한다. 군대에서 지휘관을 채용하거나 가톨릭교회에서 주교를 선출할 때, 이런 종류의 포괄적인 논의는 선택 과정의 공식적인 절차다. 도이치뱅크의 전 회장 헤르만 압스(Hermann Abs)는 누구보다 성공적으로 최고 관리자를 골랐다. 그는 전후 독일의 '경제 기적'을 이끈 사람 중에서 최고 관리자를 골랐고, 그들의 이전 상사나 동료 서너 명을 통해 그 후보들을 확인했다.

### 5. 선택된 사람에게 업무를 이해시킨다

서너 달 정도 새로운 임무를 맡은 후에 임명된 사람은 이전 업무가 아니라 현재 업무에서 필요로 하는 일에 집중해야 한다. 그 사람을 불러 "이제 지역 담당 판매 관리자가 된 지 세 달이 되었다. 새 업무에서 성공하려면 무엇을 해야 하는가? 고민해서 일주일이나 열흘 후에 문서로 작성해서 가져와 보시라. 지금 당장 한 가지는 얘기해 줄 수 있다. 그 자리에 오르기 위해 당신이 과거에 했던 일을 지금 똑같이 한다면 그것은 확실히 잘못된 일이다"라고 말해야 할 책임이 있다.

이 단계를 거치지 않았다면, 성과를 내지 못한다고 해서 후보자를 비난하면 안 된다. 자신을 비난하라. 관리자로서 당신이 의무를 다하지 못한 것이다.

잘못된 승진(내가 아는 한 미국 기업의 경영에서 이보다 더한 낭비는 없다)의 가장 큰 원인은 새로운 업무가 무엇을 요구하는지 심사숙고하지 않고, 다른 사람도 그것을 생각하게 만들지 않는다는 것이다. 몇 달 전 아주 뛰어난 재량을 가진 제자가 전화해 울며 말했다. "일 년 전에 최고의 기회가 찾아왔습니다. 엔지니어링 관리자가 된 거예요. 그런데 이제 와서 회사는 제가 할 일은 끝났다고 말합니다. 전 그 어느 때보다 일을 잘했습니다. 세 개의 새로운 제품을 개발했고, 제품들은 곧 특허를 받을 겁니다."

인간만이 자신에게 이렇게 말한다. "난 잘 해낸 게 틀림없어. 그렇지 않다면 이 새롭고 중요한 일을 맡지 못했을 거야. 그러니까 승진하려면 지금까지 했던 일을 더 많이 잘해야 해." 새롭거나 다른 일은 새롭거나 다른 행동을 요구한다는 사실을 우리는 직관적으로 알지 못한다. 약 50년 전 상사 중 한 명이 나를 책임이 더 큰 자리로 승진시킨 후 4개월 후에 불렀다. 그가 부르기까지 나는 이전에 하던 일을 계속했다. 그는 새로운 일이 이전과는 다른 행동과 관심, 관계를 의미한다는 사실을 나에게 이해시키려고 노력했다. 그는 그렇게 그의 책임을 다한 것이다.

# 위험이 큰 의사결정

경영진이 이 모든 단계를 따른다고 하더라도 그들의 인사 결정 중 일부는 여전히 실패한다. 어쩔 수 없지만 위험이 큰 것도 사실이다.

예를 들어 연구실이나 엔지니어링 부서, 법무팀처럼 전문적인 조직에서 관리자를 고르는 일은 위험이 매우 크다. 전문가는 자신이 존경하지 않는 분야에서 자격을 갖춘 사람을 상사로 쉽게 받아들이지 않는다. 엔지니어링 부서 관리자를 고를 때 그 선택은 부서의 최고 엔지니어에게로 제한될 수밖에 없다. 하지만 한 명의 엔지니어로서 이루는 성과와 관리자로서의 성과 사이에는 (부정적인 관계일 수 있으나) 상관관계가 없다. 큰 성과를 올리던 기계설비 관리자가 본사로 승진해 오거나, 인사 전문가가 작업 라인으로 옮겨갔을 때도 마찬가지다. 기질상 기계설비를 하던 사람은 본사 업무의 긴장감, 좌절, 관계에 적응하지 못하고 반대의 경우도 마찬가지다. 최고로 잘나가던 지역 판매 관리자가 시장 연구, 판매 예상, 가격 측정을 담당하는 자리로 승진한 경우도 성과를 내지 못할 수 있다.

우리는 어떤 사람의 기질이 새로운 환경에 잘 맞을지 시험하거나 예측할 방법을 알지 못한다. 그저 경험으로만 알 뿐이다. 한 업무에서 다른 업무로 이동하는 것이 예상했던 방식으로 전개되지 않는다면, 결정을 내린 경영자는 부적응자를 그 자리에서 내보내야 한다. 하지만 경영자는 '내가 실수한 것이므로 바로잡아야 할 사람도 나다'라고 생각해야 한다. 그 일을 할 수 없는 사람을 그 지위에 앉히는 것은 친절이 아니라 잔인한 일이다. 하지만 그 사람을 해고할 이유도 없다. 회사는 항상 대기 중인 훌륭한 엔지니어, 애널리스트, 판매 관리자를 활용할 수 있어야 한다. 적절한 행동은 (대부분은 효과적이다) 새로운 업무에 적응하지 못하는 사람을 이전 업무로 되돌려 보내거나 그와 비슷한 일을 시키는 것이다.

150년 전 뉴잉글랜드호 선장들을 '위도우 메이커'('과부를 만드는 사람'이라는 뜻으로, 매우 위험한 일을 뜻함 - 옮긴이)라고 불렀듯이, 인사 결정은 매우 위험한 일이어서 실패할 수 있다. 설계를 잘해서 만든 범선에 심각한 '사고'가 발생했을 때, 선주들은 배를 새로 디자인하거나 만들지 않았다. 가능한 한 빨리 배를 부숴버렸다.

'위도우 메이커', 즉 뛰어난 사람들까지 실패하게 만드는 일은 회사가 빠르게 성장하거나 변화할 때 가장 자주 나타난다. 예를 들어 1960년대부터 1970년대 초반 미국 은행의 '국제 담당 부사장' 역할은 위도우 메이커였다. 사람을 뽑아서 앉히기는 쉬웠다. 은행원은 '낙오자'를 앉혀서 좋은 성과를 내길 기대할 수 있다고 여겨진 자리였다. 그러다 그 자리에 오는 새로운 사람들이 하나둘 실패하기 시작했다. 지금 와서 드는 생각이지만, 국제 업무가 어떠한 경고도 없이 빠른 속도로 주요 은행과 기업 고객들에게 필수적인 일반적인 비즈니스가 되었기 때문인 것 같다. 그때까지 편하게 여겨지던 일이 말 그대로 아무도 할 수 없는 '한직(nonjob)'이 된 것이다.

이전에는 일을 잘하던 사람이 어떤 자리에 와서 두 번 연속 실패할 경우, 회사가 위도우 메이커를 손에 쥐게 되었다고 말한다. 그런 일이 생긴다면, 책임감 있는 경영자는 헤드헌터에게 누가 봐도 천재적인 사람을 찾아달라고 요구하지 말아야 한다. 그 대신 그 일을 과감히 정리해야 한다. 일반적으로 능력 있는 사람이 할 수 없는 일이라면 그 자리에 맞는 사람은 찾을 수 없다. 바뀌지 않으면 세 번째 온 사람도 첫 번째나 두 번째 사람과 마찬가지로 실패할 것이다.

올바른 인사 결정을 내리는 일은 조직을 관리하는 궁극적인 수단이다. 그런 결정은 경영진이 얼마나 능력이 있는지, 어떤 가치를 갖는지, 경영진이 자기 일을 얼마나 심각하게 받아들이는지를 보여준다. 관리자가 자신의 결정을 비밀에 부치려 해도 인사 결정은 숨길 수 없다. 그것은 확실히 눈에 보이는 결정이다.

경영진은 종종 전략적 이동이 현명한 것인지 판단하지 못한다. 반드시 그 일에 관심을 두는 것도 아니다. "우리가 왜 호주에서 이 비즈니스를 하는지 모르겠어요. 그렇다고 그 일이 포트워스에서 하는 일에 방해가 되는 것은 아닙니다"라는 것이 일반적인 반응이다. 하지만 같은 경영진이 '조 스미스가 XYZ 부서의 회계 담당자가 되었다'는 사실을 알게 되면(그들은 보통 최고 경영자보다 조에 대해 잘 알고 있다), "조는 승진할 만하지. 아주 좋은 선택이야. 빠른 성장을 하는 부서에 적합한 사람이야"라고 말한다.

조가 정치적이어서 승진을 한 것이라면 모두가 그 사실을 알 것이다. 그들은 "그래. 그게 회사에서 잘나가는 방법이지"라고 자신에게 말할 것이다. 그들은 정치적이어야 살아남는 회사를 싫어하겠지만, 회사를 떠나거나 정치적으로 변하는 것도 아니다. 오랫동안 보아왔듯 조직원들은 다른 사람이 어떤 보상을 받는지를 보고 행동한다. 성과를 내지 못하거나 아첨하는 사람, 혹은 단순히 약삭빠른 사람에게 보상이 돌아갈 때, 조직은 곧 성과 부재, 아첨, 약삭빠름의 덫에 빠지게 된다.

인사 결정을 잘 내리기 위해 노력하지 않는 경영진은 단순히 성과를 떨어뜨리는 것이 아니다. 조직 내에서 존경심을 잃게 될 위험에 빠지고 만다.

(초판 1985년 7~8월 발행, 재인쇄)

# 핵심 포인트

인사 결정은 결과가 오래 지속되고 없던 일로 되돌리기가 어렵다. 잘해야 인사 결정의 3분의 1만이 성공적이다. 인사 결정을 심각하게 고민하는 경영진은 다음의 원칙들이 도움이 된다는 사실을 알 것이다. (1) 의사결정에 책임진다. 경영진이 뽑은 사람이 성과를 내지 못하면 그것은 경영진의 실수다. (2) 조직에서 책임지는 사람이 성과를 내게 만드는 것은 관리자의 의무다. (3) 의사결정을 잘 내린다. (4) 새로운 사람에게 중요한 새 업무를 맡기지 않는다. 관리자가 승진과 채용 결정과 관련해 목표를 달성하는 의사결정을 내릴 때 따라야 하는 몇 가지 기본 단계가 있다.

# 6장

# 그들은 직원이 아니라 사람이다

피터 드러커의 경영을 읽다

．

．

．

　우리가 알아차리지 못하는 사이, 업계에 특이한 변화 두 가지가 생겼다. 첫째로 조직을 위해 일하던 많은 사람이 더 이상 전통적인 직원이 아니게 되었다. 둘째로 점점 많은 기업이 직원을 외부에 위탁하게 되었다. 더는 공식적인 직원과의 관계를 관리하지 않게 된 것이다. 이런 경향은 이른 시일 내에 바뀔 것 같지 않다. 오히려 가속화될 것이다.

　조직원과 조직 간의 관계가 약화하는 것은 기업에게는 심각한 위험 요소다. 장기간 재능 있는 프리랜서를 쓰거나 인적 자원 관리 (Human Resource Management, HRM)를 외부에 위탁하는 것과 그 과정에서 지식 경제에서 필수 경쟁력인 인재를 개발하는 일이 기업의 가장 중요한 임무라는 사실을 잊어버리는 것은 별개의 문제다. 직원과의 관계를 외부에 떠넘긴다면 조직은 인재를 개발할 역량도 잃게 될 것이고, 이는 악마와 거래하는 것이다.

*****

세계에서 가장 큰 인력서비스 업체 중 하나인 스위스 회사 아데코(Adecco)에서는 전 세계에 거의 70만 명에 이르는 임시직과 정규직 사무직, 공업직, 기술직 직원이 일하고 있다(그중 약 25만 명이 미국에 있다). 아데코는 인력서비스 업계에서는 선두에 있지만, 전체 글로벌 시장에서 점유율은 높지 않다. 미국에만 매일 250만 명에게 임시직 일자리를 연결해주는 회사가 수천 개 있다. 전 세계적으로 천만까지는 아니더라도 800만 명의 임시직 노동자가 매일 일자리를 소개받는다. 전체 임시직 노동자의 70퍼센트가 전업으로 일한다.

50년 전 인력서비스산업이 처음 시작되었을 때는 장부 기록자나 접대원, 전화 교환수, 속기사, 병가나 휴가 중에 있는 타자원을 대체하기 위한 낮은 직급의 사무직 노동력을 공급했다. 오늘날 인력서비스 업체는 말단 직원부터 최고 경영자에 이르기까지, 모든 직종의 노동력을 공급한다. 예를 들어 한 회사는 공장을 새로 여는 시점부터 온전히 설비를 생산하기까지 팀을 이끌 제조 관련 관리자를 제공한다. 다른 회사는 마취과 간호사 같은 숙련된 전문 의료진을 공급한다.

조금 다른 사례지만, 이와 관련해 1990년대에 미국에서는 전문직 인력서비스 조직(Professional Employee Organization, PEO)이 빠르게 성장하는 비즈니스였다. 이 비즈니스는 고객사의 직원을 관리할 뿐 아니라 행정과 인사 문제까지 관리했다. 십 년 전만 해도 PEO

는 잘 알려지지 않았지만, 2000년 들어 미국의 250만 블루칼라 노동자와 300만 화이트칼라 노동자의 공동 고용주가 되었다. 현재는 그런 회사가 1,800개 이상이고, 그 회사들은 자체의 동업자 조합과 월간지를 소유하고 있다.

다른 인력서비스 회사와 마찬가지로 PEO는 최근 사업 영역을 확장했다. 1980년대 말 최초의 PEO는 고객을 위해 부기, 특히 급여 대장 서비스를 제공했다. 이제 PEO는 기록 관리와 법률 준수, 채용, 교육, 실습, 승진, 해고, 일시 해고, 은퇴, 연금 등 직원을 관리하는 거의 모든 서비스를 제공한다. PEO는 원래 소기업 직원 관리에 한정된 서비스를 제공했다. 하지만 가장 잘 알려진 PEO인 엑설트(Exult)는 처음부터 《포춘Fortune》이 선정한 전 세계 500대 기업과 공동 고용주로 기획, 설립되었다. 엑설트의 고객 중에는 BP 아모코, 유니시스, 테네코 자동차 등이 있다. 4년 전에 세워진 엑설트는 공개 상장되어 나스닥에서 거래되고 있다. 직원이 20명 이하인 회사를 대신해 급여 서비스를 담당하기 위해 만들어진 또 다른 PEO는 미국의 가장 큰 주에서 12만 명의 직원을 관리하고 있다.

인력서비스산업과 PEO는 모두 빠르게 성장하고 있다. 아데코는 매년 15퍼센트씩 사업을 확장 중이다. 2001년 2분기 엑설트의 수익은 435만 달러에서 643만 달러로 48퍼센트 증가했다. 또한 PEO 산업은 매년 30퍼센트의 비율로 성장하고 있다. 2005년까지 PEO는 천만 명에 이르는 미국 노동자의 공동 고용주가 될 것으로 예상된다.

독자들은 '부서원을 고용하거나 승진시키거나 해고하지 않는데 관리자의 역할을 어떻게 하지?'라고 의문을 가질 수 있다. 수석 과학자를 포함한 직원 관리를 엑설트에 맡긴 BP 아모코의 한 고위임원에게 이 질문을 했다. 그는 이렇게 답했다. "엑설트는 계약을 유지하려면 나를 만족시켜야 한다는 사실을 알고 있다. 물론 그들이 누군가를 해고할지 이동시킬지를 결정한다. 하지만 내가 제안하고, 나와 상의한 후에 결정을 내린다."

직원 관계에 있어 경영 서적이 하는 이야기나 경영대학에서 가르치는 것과는 맞지 않는 일이 벌어지고 있다. 이는 많은 조직이 인사부에 기대하는 것과도 맞지 않을 것이다.

## 불필요한 절차에 목을 졸리다

임시직 노동자를 선호하는 이유는 일반적으로 고용주에게 유연성을 제공하기 때문이라고 한다. 대부분의 임시직 노동자는 같은 고용주 밑에서 오랜 기간 일하는데, 이것이 임시직 노동자를 선호하는 것에 대한 완전한 설명이 될 것이다. 유연성이 PEO의 등장을 설명하지는 못한다. 이런 경향에 대한 좀 더 그럴듯한 설명은 두 종류의 조직 모두 어떤 회사에서 일하는 사람을 법적으로 '피고용자가 아니게' 만들어 준다는 것이다. 인력서비스산업의 꾸준한 성장과 PEO의 등장 배경에는 고용주가 감당해야 할 법과 규제의 증가가 있다고 생각한다.

이런 법과 규제는 작은 기업의 숨통을 조인다. 1995년(믿을 만한 수치가 나온 마지막 해다) 미국 중소기업연합(SBA)에 따르면, 직원이 500명 이하인 기업에 부과되는 연간 세금이 직원 한 명당 5,000달러 정도라고 한다. 이는 직원 월급과 건강보험료, 연금 비용에 25퍼센트의 추가 비용이 드는 것으로 작은 기업에서 직원 한 명당 평균 2만 2,500달러가 든다는 것을 의미한다. 그 후 직원 관련 문서 작업 비용은 10퍼센트 이상 증가한 것으로 추정된다.

비용의 많은 부분이 전통적인 직원 대신 임시직 노동자를 사용하면 상쇄될 수 있다. 임시직의 시간당 비용이 임금과 수당을 제공해야 하는 전업 직원과 비교하면 훨씬 높지만, 그래도 임시직을 제공하는 기관과 계약을 맺는 것이다. 관료주의적 비용을 줄일 수 있는 또 다른 방법은 직원을 관리하는 행정 업무 전반을 위탁하는 것이다. 즉 전문가에게 문서 작업을 맡기는 것이다. SBA 수치에 따르면, 직원이 500명 이하인 중소기업을 하나의 노동력으로 묶어서 관리하면(PEO가 하는 일이다), 직원 관련 비용을 40퍼센트 정도 줄일 수 있다고 한다.

직원 관계를 위탁하면 인력 비용을 상당히 줄일 수 있는 곳은 중소기업뿐이 아니다. 1997년 매켄지 연구에 따르면, 《포춘》이 선정한 전 세계 500대 기업, 즉 대기업도 직원 관계 관리를 외부에 맡기면 인력 비용을 25~33퍼센트 정도 절감할 수 있다고 한다. 이 연구를 바탕으로 이듬해 엑설트가 설립되었다.

직원과 직원 관계를 위탁하는 것은 전 세계적인 추세다. 근로계약법과 규칙이 나라마다 크게 다르지만, 모든 선진국은 기업에 큰 세금을 부과한다. 예를 들어 아데코의 가장 큰 시장은 프랑스고, 두 번째로 큰 시장은 미국이며, 일본에서 매년 40퍼센트의 성장률을 보이고 있다. 엑설트는 2000년 스코틀랜드에 직원관리센터를 열었고, 런던과 제네바에 사무실을 두고 있다.

근로계약법을 준수하는 비용보다 더 부담스러운 것은 규제로 인해 경영진에게 부과되는 엄청난 업무 시간과 관심이다. 1980~2000년 사이 미국의 근로 정책 및 관행에 관한 법과 규제는 38개에서 60개로 60퍼센트 증가했다. 규제는 관리자에게 여러 개의 보고서를 작성하도록 요구하고, 규제를 지키지 못하면 그것이 의도적이지 않더라도 벌금을 부과하고 처벌한다. SBA에 따르면, 중소기업 소유주들은 업무 시간의 4분의 1 정도를 직원 관련 문서 작업에 쓴다고 한다.

끊임없이 증가하는 소송 위협도 있다. 1991~2000년 사이 평등고용추진위원회(Equal Employment Opportunity Commission, EEOC)에 제기된 성희롱 사건 건수가 연간 6,900건에서 1만 6,000건으로 두 배 증가했다. 제기된 모든 사건에서 열 건 이상이 내부에서 해결되었는데, 조사와 심문을 위해 법률 비용이 엄청나게 나왔을 뿐 아니라 많은 시간을 할애해야 했다.

고용주(특히 대다수를 차지하는 중소기업)들이 제품과 서비스, 고객과 시장, 품질과 유통에 쏟을 시간이 없다고, 다시 말해 성과를 내기 위해 일할 시간이 없다고 심각하게 불평하는 것도 놀라운 일이 아니다. 그들은 문제, 즉 근로계약법에 관련된 일을 한다. 그들은 더 이상 '사람이 가장 큰 자산이다'라는 오래된 주문을 외우지 않는다. 대신 '사람이 우리의 가장 큰 부채다'라고 주장한다. 인력서비스 회사의 성공과 PEO의 등장은 경영진이 비즈니스에 집중할 수 있게 해주었다.

이 주장은 멕시코와 미국의 접경선에 있는 제조 공장 마킬라도라(maquiladoras)의 성공을 설명한다. 이 공장은 미국에서 들여온 부품으로 극동아시아나 멕시코에서, 미국 시장에 판매할 완제품을 만드는 공장이다. 의심스러운 노동력 절감보다 부품 조립 업무를 위탁해서 문서 작업 시간을 줄이는 것이 제조업체에 가장 큰 인센티브였을 것이다. 마킬라도라의 주인인 멕시코 회사는 공동 고용주로서 미국에서만큼 복잡한 근로 법규와 문제를 처리했고, 미국이나 일본의 공장 소유주들은 비즈니스에 집중할 수 있었다.

선진국에서 인력 비용이나 법규, 규제가 줄어들 것이라고 기대할 근거는 없다. 오히려 반대다. 미국이 피고용자의 권리장전을 아무리 절실하게 원한다고 할지라도, 이는 또 다른 관리 기관을 탄생시킬 것이며, 결국 고용주는 또 다른 보고서와 문서 작업, 엄청난 분쟁, 소송을 겪게 될 것이다.

# 분리된 조직

국가의 규제와 방해에서 벗어나려는 기업의 욕구 외에도 임시직 노동자 증가와 PEO 등장의 또 다른 중요한 이유가 있다. 지식노동의 특성과 무엇보다 지식노동자가 매우 전문화되었다는 사실이다. 가장 큰 지식기반 조직은 수많은 전문가를 보유하고 있다. 그들 모두를 효과적으로 관리하기란 어려운 일인데, 인력서비스 업체와 PEO는 이 문제를 해결해준다.

1950년대까지만 해도 미국 노동자의 90퍼센트가 지시받은 대로 일하고, 초과근로 수당을 받는 직원으로 분류되었다. 초과 수당을 받지 못하는 사람들은 일을 지시하는 감독자였다. 초과 수당을 받는 직원들은 교육을 거의 받지 못했고, 기술도 없는 블루칼라 노동자였다. 그들은 공장이나 사무실에서 반복적인 업무를 했다. 오늘날 블루칼라 노동자는 전체 노동자의 5분의 1도 되지 않는다. 이제 지식노동자가 전체의 5분의 2를 차지하고, 그들은 지시를 받고 움직이는 사람이 아니라 감독자거나 동료다. 그들은 자신의 전문 분야에서 두각을 나타낼 것으로 기대된다.

지식노동자는 모두 같지 않다. 지식은 전문적일 때만 효과적이다. 빠르게 성장하는 지식노동자 그룹(전체 노동자 그룹 중 가장 빠르게 성장하고 있다), 특히 컴퓨터 수리공, 법률사무 보조원(paralegals), 소프트웨어 프로그래머가 빠르게 성장하고 있다. 지식노동은 전문적이기 때문에 큰 조직에서도 분리되어 업무를 진행할 수 있다.

가장 좋은 예가 병원이다. 병원은 인간이 만든 가장 복잡한 기관이지만, 지난 30~40년간 모든 선진국에서 가장 빠르게 성장한 기관이다. 병상이 275~300개 정도 되는 중소 규모의 병원에서는 3,000명 정도의 사람이 일한다. 그중 절반이 지식노동자다. 이들 중 두 그룹, 즉 간호사와 사업 부서 전문가의 숫자는 매우 커서 각각 수백 명 정도다. 30명 정도의 준 의료 활동 종사자도 있다. 물리치료사, 연구실 직원, 정신과 사례 담당자, 종양 전문가, 수술 준비를 하는 사람, 수면 클리닉에서 일하는 사람, 초음파 기술자, 심장과 병동 전문가 등이다.

전문 분야는 각각의 규칙과 규정, 학력이 필요하고, 자격 취득 과정을 요구한다. 하지만 어떤 병원에서든 각 전문 분야는 소수로 구성된다. 예를 들어 275개 병상을 가진 병원에 영양사는 7~8명뿐이다. 각 그룹은 특별한 대우를 기대하고 요구한다. 그 그룹이 무엇을 하는지 이해하고 어떤 장비를 필요로 하는지, 의사나 간호사, 행정 사무실과 어떤 관계를 요구하는지 이해하는 상사를 원한다. 또한 전문 분야의 경우, 커리어 면에서 발전할 기회는 없다. 그들 중 누구도 병원의 관리자가 되거나 다른 일자리를 얻지 못한다.

병원처럼 많은 전문가를 가진 기업은 별로 없지만 점점 증가하는 추세다. 예를 들어 한 백화점에서는 소매 구매자, 디스플레이 담당자, 판매자, 광고 담당자 등 15~16명 정도의 지식 전문가가 일하는데, 한 상점당 소수의 전문가만을 고용한다. 금융 서비스 분야에서도 지식노동자의 전문화가 심화하고 있지만, 그들이 조직 내에서 커리어를 얻을 기회는 줄고 있다. 예를 들어 소매 고객에게 추천할 뮤추얼펀드를 고르는 전문가는 아마도 개별 계좌를 담당하는 세일즈맨이 되지 못할 것이다. 그들은 회사의 소그룹, 즉 소수의 동료 전문가보다 많은 사람을 관리하는 데 특별히 관심을 두지도 않을 것이다.

미국 병원은 대체로 위탁을 통해 전문화 문제를 해결했다. 많은 병원에서 일하고 있는 지식노동자를 위탁업체에서 관리한다. 예를 들어 수혈 담당 그룹은 이 절차에 전문화되어 있고, 다른 병원에서도 수혈 부서를 운영하는 회사가 관리한다. PEO와 마찬가지로 그 회사는 수혈 담당 직원의 공동 고용주다. 이 네트워크에서 수혈 담당 전문가는 커리어를 얻는다. 일을 잘하면 더 크고 보수가 좋은 병원의 수혈 부서로 옮겨가거나 네트워크 내의 여러 개 수혈 부서를 관리할 수 있다.

병원에서는 단편적으로 행해지는 일을 인력서비스 회사와 PEO에서는 전문적으로 한다. 그들의 고객(가장 큰 고객조차도)은 매우 전문화된 지식노동자를 효과적으로 관리하고 임명하고 만족시키는 능력이 부족하다. 따라서 인력서비스 회사와 PEO는 직원뿐 아니라 고용주를 위해서도 필수적인 기능을 수행한다. 이는 인사 관계 이론의 예측과 달리 PEO가 자신이 공동 고용주가 되는 직원의 업무 만족도가 높다고 주장하는 이유다. 중소 화학 회사에서 일하는 금속기술자는 보수도 괜찮고 일도 흥미롭지만, 회사는 소수의 인력만을 고용할 뿐이다. 높은 직급의 경영진은 금속기술자가 무슨 일을 하는지, 무슨 일을 해야 하는지, 무슨 일을 할 수 있는지를 알지 못한다. 따라서 금속기술자가 임원이 될 기회는 없다. 이는 몇 년의 시간을 투여해 배운 일을 포기해야 함을 의미한다. 운영이 잘 되는 인력서비스 회사는 최대한 능력을 발휘할 수 있는 곳에 그 금속기술자를 보낸다. 능력 있는 금속기술자를 더 보수가 좋은 자리로 보내는 것이다.

PEO의 서비스 계약서(다른 계약서는 제공하지 않는다)에는 PEO가 가장 잘 맞는 일자리와 회사에 인력을 제공할 의무와 권리가 있다고 명시되어 있다. 이중의 책임(기업 고객과 고용인) 사이에서 균형을 잡는 것이 아마도 PEO의 가장 중요하고 어려운 임무일 것이다.

## 회사는 알지 못한다

인사 정책은 회사를 위해 일하는 사람이 전부는 아니더라도 대부분 회사의 직원이라고 가정한다. 지금까지 살펴보았듯이 이는 사실이 아니다. 일부는 임시직이고, 일부는 회사의 컴퓨터 시스템이나 콜센터를 관리하는 위탁업체의 직원이다. 일부는 이미 은퇴했지만, 여전히 특정 업무를 하는 나이가 있는 시간제 근무자다. 이렇기 때문에 아무도 조직을 하나의 전체로 보지 않는다.

임시직 인력서비스 기관은 생산성을 판다고 주장하지만, 즉 회사를 위해 감독하는 일을 한다고 하지만, 그 일을 어떻게 하는지를 알 수 없다. 그들이 제공하는 인력의 생산성은 '어디에 어떻게 배정되는가' 뿐 아니라 '누가 그들을 관리하고 동기부여를 하는가'에 따라서도 달라지기 때문이다. 인력서비스 기관은 관리와 동기부여에서는 통제력이 없다. PEO도 시간제 근무자나 임시직, 계약직 노동자가 아니라 고객의 공식 직원만을 관리한다.

이런 감독의 부재는 현실적인 문제이다. 모든 조직은 임시직인지, 시간제 근무자인지, 회사 직원인지, 위탁업체나 유통업체의 직원인지에 상관없이 생산성과 성과를 책임지는 모든 사람을 관리하고 운용하는 데 책임을 져야 한다.

그런 방향으로 움직이고 있다는 것을 보여주는 조짐이 있다. 유럽의 한 다국적 소비재 제조업체는 규모가 크고 평판이 좋은 직원 관리 부서를 분리해 모회사와 전 세계 직원을 위해 PEO의 역할을 하도록 도모하고 있다. PEO는 회사의 공식 직원이 아닌 사람도 관리할 것이다. 결국 인하우스 PEO는 다국적업체의 공급업체와 유통업체, 200개 이상의 합작투자 회사와 동업 업체에서 일하는 사람들의 공동 고용주가 될 것이다.

## 경쟁우위의 원천

직원의 건강과 복지에 더 많은 관심을 쏟는 것이 50년 전보다 더 중요해졌다. 지식기반 근로자는 기술이 부족한 노동자와 질적으로 다르다. 그렇다. 지식노동자는 전체 노동력의 소수고, 더 많아질 것 같지도 않다. 하지만 그들은 부와 일자리 창출의 주요 원천이다. 기업의 성공(과 생존)이 지식노동자의 성과에 점점 더 의존하게 될 것이다. 통계적으로 볼 때 조직이 일정 규모 이상의 '더 좋은 사람'을 찾는 것이 불가능하므로, 지식기반 경제와 사회에서는 같은 사람에게서 더 많은 것을 얻어내야, 즉 지식노동자의 생산성을 높여야 업계의 선두를 달릴 수 있다. 도전 과제는 속담을 빌어 말하자면 '평범한 사람이 특별한 일을 하게 만들어야' 하는 것이다.

전통적으로 노동자를 생산적으로 만드는 것은 시스템이었다. 그 시스템은 프레더릭 테일러의 '최선의 한 가지 방법'일 수도 있고, 헨리 포드(Henry Ford)의 조립 공정일 수도 있고, 윌리엄 데밍(William E. Deming)의 '전사적 품질경영'일 수도 있다. 시스템은 근로자가 다양한 지식이나 기술 없이 성과를 내게 하기 때문에 생산적이다. 실제로 조립 공정이나 전사적 품질경영에서 지나치게 숙련된 개인은 동료나 전체 시스템에 위협이 될 수 있다. 하지만 지식기반 조직에서는 전체 시스템을 성공적으로 만드는 것은 근로자의 생산성이다. 과거에 근로자는 시스템을 위해 일했다. 지식기반 노동력에서는 시스템이 근로자를 위해 서비스를 제공한다.

이것의 의미를 보여주는 지식기반 조직은 아주 많다. 대학을 일류 대학으로 만드는 것은 뛰어난 교수와 학자를 불러모아 그들이 뛰어난 교습과 연구를 수행할 바탕을 마련해주는 것이다. 오페라하우스도 마찬가지다. 30명의 연주자가 팀으로 같은 곡을 연주하는 심포니 오케스트라는 지식기반 기업과 유사한 지식기반 단체다. 훌륭한 오케스트라는 훌륭한 음악가들이 아니라 절정의 기량을 선보이는 적당한 음악가들로 구성된다. 수년간 방황하고 버려졌던 오케스트라를 되살리기 위해 새로운 지휘자가 고용되면, 그는 일반적으로 가장 엉망이거나 나이든 구성원 몇 명만을 해고할 수 있다. 또한 새로운 구성원을 많이 채용하지 못한다. 자신이 떠맡은 사람들로 성과를 내야 한다. 성공적인 지휘자는 오케스트라 구성원과 악기 연주자 그룹과 긴밀히 작업하면서 성과를 낸다. 지휘자에게 직원과의 관계는 정해져 있다. 연주자들은 변하지 않는다. 차이를 만드는 것은 사람을 다루는 지휘자의 기술이다.

지식노동자의 생산성에 초점을 맞추는 것이 중요하다는 점은 아무리 이야기해도 지나치지 않다. 지식노동자의 중요한 특징은 근로자가 노동자가 아니라 자본이라는 점이다. 자본이 내는 성과에 결정적인 것은 비용이 아니다. 즉 얼마나 많은 자본이 투자되는가가 아니다. 만약 그랬다면 소련은 세계 최고의 경제 대국이 되었을 것이다. 자본의 생산성이 중요하다. 소련 경제는 자본 투자 생산성이 너무 낮았기 때문에 무너졌다. 많은 경우 시장경제로의 자본 투자는 3분의 1도 되지 않았고, 마이너스를 기록한 적도 있었다. 실패의 원인은 간단했다. 아무도 자본 생산성에 관심을 두지 않은 것이다. 그 일을 담당한 사람이 없었다. 생산성이 높아져도 보상을 받는 사람이 없었다.

시장경제의 민간 기업도 동일한 교훈을 보여준다. 새로운 산업에서 리더십은 혁신을 통해서만 획득되고 유지될 수 있다. 하지만 이미 자리 잡은 산업에서 선두 기업을 구별 짓는 것은 뛰어난 자본 생산성이다.

예를 들어 20세기 초반 제너럴 일렉트릭(GE)은 혁신 기술과 제품으로 웨스팅하우스(Westinghouse)나 지멘스(Siemens)와 경쟁했다. 하지만 1920년대 초반 전자기계의 기술 혁신이 빠르게 끝난 후, GE는 선두 자리를 얻기 위해 자본 생산성에 집중했고, 계속 선두를 유지하고 있다. 마찬가지로 1920년대 말부터 1960년대까지 이어진 시어스의 영광스러운 시절은 몽고메리 워드(Montgomery Ward) 같은 경쟁자처럼 상품이나 가격 책정에 바탕을 둔 것이 아니었다. 다른 미국 소매업체보다 달러당 두 배의 생산성을 냈기 때문이다. 지식기반 기업은 마찬가지로 자본 생산성, 즉 지식노동자의 생산성에 집중할 필요가 있다.

## 관리자가 사람을 관리하도록 자유를 준다

임시직 인력서비스 업체와 PEO는 관리자가 직원 관련 법이나 규제, 문서 작업이 아니라 비즈니스에 집중할 수 있는 자유를 선사했다. 업무 시간의 4분의 1을 직원 관련 문서 작업에 쓰는 것은 소중하고, 값비싸며, 부족한 자원을 낭비하는 일이다. 그 일은 지루하다. 품위를 떨어뜨리며, 부패하게 만들고, 유일하게 가르치는 것은 속이는 기술뿐이다.

기업은 내부에서 직원 경영을 시스템화하든, 아니면 인력서비스 업체나 PEO에 위탁하든 직원 관리와 관련된 반복적인 잡일을 줄이기 위해 노력해야 하는 수많은 이유가 있다. 하지만 기업은 그 과정에서 직원과의 관계를 망치거나 직원에게 해를 입히지 않도록 주의해야 한다. 문서 작업을 줄여서 가장 좋은 점은 조직원과의 관계를 개선할 수 있는 더 많은 시간을 얻는다는 점이다. 경영진은 목표를 달성하는 대학 학장이나 심포니 오케스트라의 성공한 지휘자가 오래전부터 알고 있던 것을 배워야 한다. 즉 사람의 잠재력을 보고, 그 잠재력을 개발하는 데 시간을 쏟는 것이 위대함의 핵심이라는 점이다. 뛰어난 학장은 전도유망한 젊은 박사나 조교수가 성과를 낼 때까지 그들과 시간을 보낸다. 월드클래스 오케스트라는 퍼스트 클라리넷 연주자가 지휘자가 원하는 소리로 연주할 때까지 같은 부분을 반복해서 연습시킨다. 이 원칙은 기업 연구실의 원장에게도 성공을 가져다준다.

마찬가지로 지식기반 기업의 리더들은 유망한 전문가와 시간을 보내야 한다. 그들과 관계를 맺고, 서로 알아가야 한다. 그들의 멘토가 되고, 그들의 이야기를 들어야 한다. 그들에게 도전 과제를 주고, 격려해야 한다. 전통적인(법적으로) 직원이 아니더라도 그들은 여전히 조직의 자본이며, 성과를 내는 데 있어 매우 중요하다. 직원 관리 행정 업무는 체계화되어야 하는데, 이는 특정 개인과는 상관없이 이루어져야 한다. 직원 관계를 외부에 위탁한다면, 경영진은 자신의 성과가 달린 지식노동자의 직업 개발, 동기부여, 만족, 생산성에 관해 PEO와 긴밀히 협업해야 한다.

＊＊＊＊＊

현대 조직은 산업혁명에서 시작되었다. 면직 공장과 철도회사가 최초였다. 전례가 없었기에 그들은 농업이나 제조업, 수기로 수표를 청산하거나, 생명보험 청구서를 원장에 기재하는 것처럼 육체노동을 기반에 두고 있었다. 50~60년 전 가장 발전된 선진국도 마찬가지였다. 지식노동과 지식노동자의 등장은 (지식기반 사회와 경제에서 자본의 주요 원천이 된 것은 말할 것도 없고) 기계 중심의 경제로 바뀐 것만큼 아니, 그보다 더 중요한 변화다.

이런 변화는 일부 새로운 프로그램이나 관행 이상을 요구한다. 새로운 기준, 가치, 목표, 정책을 요구한다. 결과를 얻을 때까지 시간도 상당히 걸릴 것이다. 하지만 오늘날 기업이 직원을 관리할 때 기본적으로 어떤 가정을 해야 하는지를 보여주는 성공적인 지식기반 기업은 많다. 직원은 가장 큰 부채일 수 있지만, 사람은 가장 큰 기회다.

(초판 2002년 2월 발행, 재인쇄)

# 핵심 포인트

이 글에서 피터 드러커는 변화하는 노동자의 역학 관계를 조사했다. 특히 기업이 임시직과 계약직 직원을 관리할 때 전통적인 직원 관리 방식으로 책임감을 느껴야 할 필요성을 조사했다.

드러커는 빠르게 증가하는 두 경향이 기업 리더들이 직원 관계에 더 많은 관심을 가지라고 요구한다고 말한다. 첫째, 임시직과 계약직 직원의 증가다. 전 세계적으로 매일 800만에서 천만 명이 임시직으로 일한다. 그들이 단순히 안내 데스크만 채우는 것이 아니다. 오늘날 인력서비스 회사는 최고 경영자에 이르는 모든 직종에 노동력을 공급한다. 둘째, 점점 더 많은 회사가 직원 관리에 필요한 행정 업무를 제삼자인 PEO에 위탁하고 있다. (관리자들은 업무 시간의 4분의 1 정도를 직원 관련 규칙이나 문서 작업에 쓴다.) 드러커는 부와 일자리 창출이 육체노동에 의존하던 과거에서 벗어나, 전문화와 지식에 의존하게 된 것에서 이런 경향이 나타났다고 보았다. 리더는 회사 내에서 생산과 서비스를 담당할 작은 그룹의 요구를 맞추기 위해 노력하고 있다.

인력서비스 회사와 PEO는 리더를 인사관리 파일이나 문서 작업에서 벗어나 비즈니스에 집중할 수 있게 해준다. 하지만 드러커는 이런 업무를 위탁할 때, 기업은 그 과정에서 조직 구성원을 잃지 않도록 주의해야 한다고 말한다.

7장

# 생산성에 관한
# 새로운 도전

피러 드러커의 경영을 읽다

．

．

．

　선진국의 관리자가 겪는 가장 큰 도전 과제는 지식노동자와 서비스 근로자의 생산성을 높이는 일이다. 이 과제는 향후 수십 년간 경영진 회의의 주요 주제가 될 것이고, 기업의 경쟁력 있는 성과를 결정할 것이다. 또한 모든 산업화된 국가에서 사회의 구조와 삶의 질을 결정할 것이다.

　지난 120년간 제조업과 농업, 광업, 건설업, 운송업에서의 생산성은 선진국에서 연간 3~4퍼센트씩 증가해 45배 확대되었다. 이 국가들과 국민은 폭발적인 성장의 이점을 누리고 있다. 실소득과 구매력이 매우 증가했고, 교육을 받고, 건강을 관리하게 되었으며, 1914년 전까지는 귀족과 '돈 많은 상류층'만 즐기던 여가를 얻었다. 그때까지 상류층을 제외한 다른 사람들은 연간 최소 3,000시간을 일했다. (오늘날 일본인도 연간 2,000시간 이상 일하지 않는다. 미국인은 평균 1,800시간, 서독 사람은 1,650시간 일한다.)

현재 이런 이점들이 사라지고 있는데, 그 이유가 제조나 운송 부문의 생산성이 떨어졌기 때문이 아니다. 많은 사람이 생각하는 것과는 달리 생산성은 비슷한 비율로 계속 증가하고 있다. 일본이나 서독뿐 아니라 미국에서도 충분히 늘고 있다. 실제로 1980년대 미국 제조업 생산성 향상은 연간 3.9퍼센트로, 일본이나 독일의 연간 증가율보다 절댓값으로 보았을 때 더 높고, 미국 농업 생산성은 4~5퍼센트로 그 어느 때보다도 훨씬 높았다.

생산성 혁명은 끝났다. 제조나 운송 산업에 고용된 사람들이 너무 적어 그들의 생산성이 결정적으로 중요하지 않게 되었기 때문이다. 고용 인력을 전부 합해도 선진국 경제 노동력의 5분의 1도 되지 않는다. 30년 전만 해도 그들은 다수였다. 여전히 제조업 중심인 일본도 이제는 경제성장을 유지하는 데 제조업 생산성 향상에 의존하지 않는다. 실제로 일본 근로자의 대다수는 다른 선진국만큼 낮은 생산성을 보이는 지식, 즉 서비스산업 근로자다. 미국, 일본, 대부분의 서유럽 국가처럼 농부가 전체 고용인구의 3퍼센트도 되지 않을 때는 생산량이 기록적으로 증가하더라도 실제로는 국가의 생산성과 부에 기여하지 못한다.

따라서 선진국의 가장 중요한 경제적 우선순위는 지식노동과 서비스 노동의 생산성을 높이는 것이다. 이를 처음 이루는 나라가 21세기를 경제적으로 지배할 것이다. 선진국이 직면한 가장 시급한 사회 문제는 서비스 노동의 생산성을 높이는 일이다. 이 문제를 해결하지 못하면 선진국에서는 사회적 긴장, 양극화, 과격화가 심화할 것이고, 계층 간 전쟁이 벌어질 수도 있다.

선진국에서 커리어와 승진의 기회는 교육을 더 많이 받은 사람, 지식노동을 할 자격이 있는 사람에게 제한되고 있다. 이런 사람들은 항상 소수다. 기술 없이 서비스 업무를 하는 사람들, 100년 전과 비교해서 말하자면, 산업 도시와 공장으로 쏟아져 들어오는 교육 수준이 낮고 기술이 없는 '프롤레타리아' 계층보다 훨씬 적다.

1880년대 초반 모든 정치적인 신조를 지닌 지식인은 산업 프롤레타리아와 부르주아 간 계층 전쟁의 망령에 사로잡혀 있었다. 프롤레타리아의 '빈곤화'가 결국 혁명으로 이어지리라 예측한 것은 마르크스만이 아니었다. 19세기 보수주의자였던 벤저민 디즈레일리(Benjamin Disraeli)도 똑같이 계층 전쟁의 불가피성에 천착했다. 미국의 부와 유럽의 귀족에 대해 기록하던 헨리 제임스(Henry James)도 계층 전쟁의 가능성에 겁을 먹고, 이를 유명한 소설 《카사마시마 공작부인The Princess Casamassima》의 주제로 삼았다.

상당히 합리적이고 동시대인에게는 자명해 보이던 예측을 깨뜨린 것은, 1881년 프레더릭 테일러가 시작한 생산성 혁명이다. 그는 노동자가 삽으로 모래를 퍼내는 방법을 연구했다. 테일러도 철 주조공장에서 일하면서 노동자와 관리자 사이의 적대감이 얼마나 심각한지를 보고 크게 충격을 받았다. 이런 증오가 계층 전쟁으로 이어질 것을 두려워하며, 그는 노동 효율성 개선에 착수했다. 그의 노력은 기술과 교육이 부족하지만 산업 노동자들이 중산층만큼 돈을 벌고, 중산층의 지위를 얻게 해준 혁명의 불씨가 되었다. 마르크스에 따르면, 프롤레타리아 혁명이 끝났어야 할 1930년에 프롤레타리아는 부르주아가 되었다.

이제는 또 다른 생산성 혁명의 시기다. 이번에는 역사도 우리 편이다. 지난 세기 우리는 혁명이 필요하며, 다시 시작할 방법을 알 만큼 충분히 생산성을 높이는 방법에 대해 알게 되었다.

＊＊＊＊＊

지식산업과 서비스산업 근로자는 연구원과 심장외과 전문의부터 문서 작성자와 상점 매니저, 토요일 오후에 패스트푸드점에서 햄버거를 뒤집는 열여섯 살 학생에 이르기까지 범위가 넓다. '기계 조작원'에는 설거지 담당자, 수위, 데이터 입력자 등이 포함된다. 지식과 기술, 책임, 사회적 지위, 연봉이 천차만별임에도 지식산업과 서비스산업 근로자는 두 가지 면에서 매우 비슷하다. 그들의 생산성을 높이지 못하는 것과 높이는 것, 두 가지 측면에서 그렇다.

생산성에 대해 첫 번째로 알게 된 점은 예상치 못한 충격으로 다가왔는데 무엇이 효과가 없는가에 대한 것이다. 자본은 노동으로 대체될 수 없다. 새로운 기술 자체가 생산성 향상을 가져오지는 못한다. 물건을 만들고 이동시키는 데 있어 경제학자의 용어를 빌자면, 자본과 기술은 생산의 요소다. 지식산업과 서비스산업 업무에서 자본과 기술은 생산을 위한 도구다. 차이점은 하나의 요소는 노동을 대체할 수 있지만, 도구는 그럴 수도 그렇지 못할 수도 있다는 점이다. 도구가 생산성에 도움이 될지 해가 될지는 사용하는 사람이 그것으로 무엇을 하는지에 달려 있다. 예를 들어 30년 전 우리는 컴퓨터의 효율성이 사무 직원의 수를 크게 줄어들게 할 것이라고 확신했다. 생산성 향상의 기대는 데이터 처리 장비에 대한 엄청난 투자를 이끌었는데, 이는 재료 처리 기술(전통적인 기계류)에 대한 투자에 버금갈 정도로 규모가 컸다. 사무직 노동자는 정보기술이 도입된 후 빠르게 증가했다. 하지만 서비스 업무의 생산성은 전혀 향상되지 않았다.

이를 효과적으로 보여주는 사례는 병원이다. 1940년대 말 병원은 전체가 노동 집약적이었고, 건물이나 병상 등을 제외하면 자본 투자가 거의 들어가지 않았다. 훌륭한 병원이 바로 이용할 수 있는 검증된 기술에 투자하지 않은 것이다. 영상의학과, 임상검사실, 물리치료실에도 투자하지 않았다. 오늘날 병원은 자본 집약적이고 초음파나 전신 스캐너, 핵자기영상기, 혈액과 조직 분석기, 멸균실 등의 새로운 기술에 엄청난 투자를 하고 있다. 최첨단 장비 때문에 더 많은 돈을 주고 전문가를 초빙해야 하지만, 덕분에 원래 있던 직원을 한 명도 줄이지는 못했다. (실제로 전 세계적인 건강 관리 비용 상승은 병원이 노동 집약적일 뿐 아니라 자본 집약적이기 때문이다.) 하지만 병원의 성과 역량은 크게 증가했다. 다른 지식과 서비스 분야에서는 비용이 증가하고 더 많이 투자하며 더 많은 사람을 고용하지만 생산성은 높아지지 못했다.

이런 늪에서 빠져나올 방법은 생산성을 높게 향상하는 것이다. 이는 테일러가 '똑똑하게 일하기'라고 부르는 것을 통해서만 가능하다.[3] 다시 말해 더 힘들거나 오래 일하지 않고 생산성을 높이는 것이다.

.  경제학자는 자본 투자를 생산성의 핵심으로 본다. 기술자는 새로운 기계를 광고지의 최상단에 올린다. 그런데도 생산성 폭발의 주된 배경은 똑똑하게 일하는 것이었다. 선진국에서 자본 투자와 기술은 산업혁명 이후 100년 동안에도, 그다음 100년 동안만큼이나 엄청나게 많았다. 물건을 만들고 이동시키는 생산성이 급상승한 것은 '똑똑하게 일하기'가 등장한 이후였다.

지식산업과 서비스산업 업무에서도 마찬가지일 것이다. 차이는 있다. 제조업에서는 똑똑하게 일하기가 생산성을 높이는 하나의 해결책이었다. 지식산업과 서비스산업에서는 똑똑하게 일하기가 유일한 해결책이다. 더욱이 테일러가 상상하지 못했던 방식으로 일을 자세히 관찰해야 하는 좀 더 복잡한 해결책이다.

삽으로 모래를 퍼내는 일을 연구했을 당시 테일러는 '어떻게 하는가?'에만 관심을 가졌다. 약 50년 후 하버드 대학의 엘턴 메이오(Elton Mayo)는 테일러의 '과학적 관리'를 무너뜨리고, 이를 '인간관계'로 대체하려 했는데, 그도 같은 질문에 집중했다. 웨스턴 일렉트릭(Western Electric)의 호손효과(Hawthorne Works)에 대한 실험에서 메이오는 '어떻게 해야 전화기 장비를 가장 잘 조립할 수 있는가?'를

---

3) 건강 관리 부분에 똑똑하게 일하기를 적용하려는 시도가 록산느 스피처(Roxanne Spitzer)의 《Nursing Productivity: The Hospital's Key to Survival and Profit》(시카고: S-N 출판, 1986년)과 레지나 허즐링어(Regina Herzlinger)의 《Creating New HealthCare Ventures》(게이더스버그, Md. 아스펜 출판, 1991년)에서 시도된다.

질문했다. 요지는 물건을 만들고 이동시키는 데 있어 항상 업무가 주어지고, 당연시된다는 점이다.

하지만 지식산업과 서비스산업에서 생산성 향상이나 똑똑하게 일하기에 관한 첫 번째 질문은 '과제가 무엇인가? 무엇을 달성해야 하는가? 왜 그 일을 해야 하는가?'가 되어야 한다. 생산성을 높이기에 가장 쉽고 좋은 방법을 규정하고, 필요 없는 일을 줄이는 것이다.[4]

시어스의 우편 주문 처리는 아주 오래됐지만 가장 좋은 예다. 1906~1908년에 시어스는 우편 주문으로 도착하는 돈을 세는 일을 없앴는데, 이는 시간 소모가 큰 일이었다. 주문서가 들어 있는 돈 봉투를 여는 대신 자동으로 무게를 쟀다. 당시 모든 시어스 고객은 동전으로 물건값을 지급했다. 봉투 무게가 주문한 양과 거의 차이가 없으면 봉투를 열지 않았다. 또한 우편 무게에 따라 주문을 처리하고 배송하는 방식으로(우편 1파운드당 40개의 주문으로 가정했다) 시간 소모가 더 큰 주문 기록 작업도 없앴다. 2년 안에 이 방법은 전체 우편 주문 처리의 생산성을 열 배 증가시켰다.[5]

한 주요 보험사가 최근 보험금 지급 부서의 생산성을 평균 건당 15분에서 3분으로 다섯 배가량 높였다. 아주 큰 건을 제외하고 모

---

4) 마이클 해머(Michael Hammer)의 "Reengineering Work: Don't Automate, Obliterate" (《하버드 비즈니스 리뷰》, 1990년 7~8월)과 피터 드러커의 "Permanent Cost Cutting"(《월스트리트 저널》, 1991년 1월 11일) 참조.

5) 보리스 에멋(Boris Emmet)과 존 직스(John E. Jeucks)의 《Catalogues and Counters: A History of Sears》, Roebuck & Company(시카고, 시카고대학 출판, 1965년) 참조.

든 건에 세세한 심사 절차를 없앴기에 가능했다. 손해사정인은 30개 항목을 확인하는 대신, 다음의 네 가지 항목만 확인했다. 보험증권이 여전히 효력이 있는가? 액면 보험금액이 지급 청구 금액과 일치하는가? 증권계약자의 이름이 사망 증명서의 이름과 일치하는가? 수령인의 이름이 청구인의 이름과 일치하는가? 이런 변화를 가져온 질문은 '과제가 무엇인가?'였고, 그에 대한 답은 '생명 보험금을 가능한 한 빠르고 적게 지급한다'였다. 이 처리 과정을 관리하기 위해 회사가 할 일은 전체 건 중 2퍼센트, 즉 50건당 한 건만 확인하는 일이었다.

일부 병원에서는 의식이 없거나 피를 흘리거나 긴 서류를 작성할 수 없는 응급 환자를 받을 때처럼 모든 환자를 받아 입원 절차에서 드는 노동과 비용을 없앴다. 이런 병원은 '과제가 무엇인가?'라고 물었고 '환자의 이름, 성별, 나이, 주소, 청구 방법을 확인한다'라는 답을 얻었다. 모든 환자가 가진 건강보험 카드에서 확인할 수 있는 정보다.

두 사례는 모두 서비스업과 관련되어 있다. 지식산업 업무에서는 업무를 정의하고 필요 없는 일을 제거하는 작업이 더욱 필요하고, 이것이 더 좋은 결과를 가져온다. 한 다국적기업이 어떻게 전략 계획을 재정의했는지 살펴보자.

수년간 45명의 우수한 기획부 직원이 수의를 기울여 자세한 전략 시나리오를 짰다. 1급 서류였고 고무적인 내용이라는 데 모두 동의했다. 하지만 실제 운영에는 별 영향을 주지 못했다. 그때 새로운 최고 경영자는 "과제가 무엇인가?"라는 질문을 던졌고, 이내 "사업에 방향과 목표를 제시하고 목표를 달성할 전략을 제공한다"라고 답했다. 잘못된 것을 고치는 데 4년이라는 시간이 걸렸다. 하지만 이제 기획부 사람들(여전히 동일한 숫자다)은 사업당 세 가지 질문만 해결하면 되는 상황이었다. 선두를 유지하려면 시장에서 어떤 지위를 확보해야 하는가? 이를 지원하는 데 필요한 혁신적인 성과는 무엇인가? 자본비용을 조달하는 데 필요한 최소 수익률은 얼마인가? 기획부 직원들은 다양한 경제 상황에서 목표를 달성하는 데 필요한 전략적 지침을 제안하기 위해 각 사업부의 운영 임원들과 협업했다. 그 결과는 훨씬 단순하고 우아함도 다소 사라졌지만, 회사의 사업과 높은 자리의 경영진에게 지침을 주는 '계획서'가 되었다.

**\*\*\*\*\***

물건을 만들거나 이동시킬 때 사람들은 한 번에 한 가지 일만 한다. 테일러의 노동자는 모래를 삽으로 퍼냈다. 용광로에 불을 지피지는 않았다. 메이오의 배선 작업실에서 일하는 여성들은 납땜했다. 완성된 전화기를 테스트하지 않았다. 옥수수 농사를 짓는 아이오와의 농부는 회의에 참석하려고 길 가운데 있는 트랙터에서 내리지 않는다. 지식과 서비스 산업도 집중이 필요하다. 수술실에 있는 외과의사나 고객과 상담 중인 변호사는 전화를 받지 않는다.

하지만 지식산업과 서비스산업을 담당하는 조직에서 주의력이 분산되는 일이 흔해지고 있다. 최고 위치에 있는 관리자는 아주 약간의 시간만 집중할 수 있다(노력하는 사람은 거의 없다). 엔지니어, 교사, 세일즈맨, 간호사, 중간 관리자도 점점 늘어나는 업무량을 감당해야 하는데, 그중 가치 있는 성과를 내는 활동은 거의 없고, 전문가들이 돈을 받고 해야 하는 일과 관련된 활동도 거의 없다.

이를 보여주는 최악의 사례가 미국 병원의 간호사들이다. 간호사가 부족하다는 이야기를 많이 들었을 것이다. 그것이 어떻게 사실일 수 있을까? 수년간 간호사가 되는 졸업생의 숫자는 꾸준히 증가해왔다. 동시에 입원 환자의 숫자는 크게 줄고 있다. 이런 모순은 다음과 같이 설명할 수 있다. 간호사들이 지식과 기술을 배우고, 배운 것을 바탕으로 돈을 받는 간호 일에 업무 시간의 절반만 쓰고 있다는 것이다. 나머지 절반의 시간은 지식과 기술이 필요 없고, 건강관리나 경제적인 면에서 전혀 가치 없는 활동, 환자 돌봄이나 환자의 건강과 전혀 관련 없거나 거의 관련 없는 활동에 쓴다. 물론 간호사들이 메디케어나 빈곤층 의료보장제, 보험사, 청구서 담당 부서, 의료사고와 관련된 막대한 문서 작업에 정신이 팔려 있는지도 모른다.

교육을 더 많이 받은 경우도 크게 다르지 않다. 대학교수는 학생들을 가르치고, 연구원들에게 조언하고, 연구하는 대신 위원회 회의에 참석하는 데 더 많은 시간을 쓴다. 위원회에 빠지는 경우는 거의 없다. 위원회에 일곱 명이 아니라 세 명의 회원만 참석한다면 시간을 덜 들이고도 일을 더 잘할 수 있을 것이다.

세일즈맨도 업무가 분산되어 있다. 백화점에서는 컴퓨터에 너무 많은 시간을 쓰느라 고객을 상대할 시간이 없다. 이것이 판매와 수익을 담당하는 사람으로서 그들의 생산성이 꾸준히 감소하는 주된 이유일 것이다. 영업직 직원은 고객에게 전화를 거는 대신 보고서를 작성하는 데 업무 시간의 3분의 1을 쓴다. 엔지니어는 단말기 앞에서 바쁘게 일해야 할 때 계속되는 회의에 참석한다.

이는 직무 확충이 아니라 직무 빈곤화다. 생산성을 망가뜨리고 업무 의욕과 사기를 떨어뜨린다. 태도와 관련된 모든 설문 조사에서 나타나듯 간호사는 환자를 돌보는 데 많은 시간을 쓰지 못하는 것을 안타깝게 여긴다. 그들은 자신이 하는 일에 비해 너무 적은 돈을 받는다고 생각하며, 병원 행정 직원들은 업무에 비해 너무 많은 돈을 받는다고 생각한다.

해결책은 상당히 간단하다. 간호사가 간호 일과 환자를 돌본다는 과제에 집중하는 것이다. 이것이 똑똑하게 일하기의 두 번째 단계다. 예를 들어 일부 병원에서는 환자 가족이나 친구에게서 오는 전화를 받고, 그들이 보낸 꽃을 전달해주는 일을 사무 직원에게 맡긴다. 또한 그들에게 간호사의 문서 업무도 이관했다. 그 후 환자 돌봄 수준과 간호사들이 환자를 돌보는 데 쓰는 시간이 매우 증가했다. 그러면서 병원은 간호사의 수를 4분의 1에서 3분의 1로 줄이고, 급여지급 총액은 늘리지 않으면서 간호사에게 더 많은 임금을 줄 수 있었다.

긍정적인 업무 환경 개선을 위해 우리는 모든 지식과 서비스 업무에서 두 번째 질문을 던져야 한다. '어떤 일에 돈을 지급하는가?',

'그 일은 어떤 가치를 창출할 것인가?' 답이 항상 분명하거나 확실하지는 않은데, 한 백화점에서는 '매출'이라고 답했고, 같은 도시에서 동일한 고객층을 보유한 또 다른 백화점은 '고객 서비스'라고 답했다. 답변에 따라 백화점은 매장을 다르게 구성했다. 각 백화점은 매장과 판매직원이 창출하는 수익이 빠르게 성장했는데, 이는 생산성과 수익성이 모두 좋아졌음을 의미한다.

*****

엄청난 충격을 가져온 테일러의 과학적 관리는 언론과 특히 학계의 혹평을 받았다. 그 주된 이유는 20세기 초 미국의 노동조합이 그 이론과 테일러 개인에 대항해 끊임없이 캠페인을 펼쳤기 때문일 것이다. 노조는 테일러가 반노동자 친기업이라는 이유로 그를 반대한 것이 아니다. 그는 둘 다 아니었다. 테일러의 용서받지 못할 죄는 물건을 만들고 이동하는 데 필요한 '기술' 같은 것은 없다고 주장한 것이다. 테일러는 그런 일이 똑같다고 주장했다. 모든 일은 단계별로 분석할 수 있고, 기술이 필요 없는 일련의 작업은 모든 종류의 일에 적용될 수 있다는 것이다. 그런 작업을 배우고 싶은 사람은 누구든 '가장 많은 보수'를 받는 '일류 노동자(first-classman)'가 될 수 있다는 것이다. 누구든 가장 발전된 업무를 완벽하게 할 수 있다는 것이다.

1900년 기술 기반의 노조에게 이런 주장은 정면 공격의 대상이었다. 미국의 가장 정교한 제조 공장에서 널리 존경받던 강력한 노조의 경우에 특히 그랬다. 그들은 제1차 세계대전 이후 군대에 필요한 거의 모든 생산이 이루어지는 군수공장이나 조선소의 노조에 속해 있었다. 노조에게 기술은 누구에게도 알려줄 수 없는 비밀과도 같았다. 그들이 가진 힘의 원천은 5~7년동안 지속되고 가족이나 친척에게만 알려주는 도제제도를 통제한다는 점이었다. 공장의 노동자는 많은 돈을 받았다. 당시 의사 월급보다 많았고, 테일러가 말한 일류 노동자가 받는 것보다는 세 배 많았다. 테일러의 주장이 노조의 노동자를 화나게 만든 것은 놀라운 일이 아니었다.

기술과 공예의 신비에 대한 믿음과 그런 기술을 습득하려면 오랜 기간의 도제과정이 필요하다는 가정을 지속시켰다. 실제로 히틀러는 그런 가정을 믿고 미국과 전쟁을 벌였다. (현대 전쟁에 필수적인 기술을 가진) 광학 기술자를 훈련하는 데 5년 이상 걸릴 것이라는 확신을 바탕으로, 히틀러는 미국이 유럽에서 맹위를 떨칠 수 있는 군대와 공군을 파견하려면 오랜 시간이 걸리리라 예상했고, 일본의 진주만 습격 이후 전쟁을 선포했다.

우리는 이제 테일러가 옳다는 것을 안다. 1941년 미국에는 광학 기술자가 거의 없었다. 현대 전쟁은 대량의 정밀 광학이 필요하다. 하지만 테일러의 과학적 관리 방법을 적용함으로써 미국은 수개월 내에 반숙련공을 독일보다 더 진보된 광학 기술자로 바꾸어 놓았고, 조립라인을 신병훈련소로 변모시켰다. 그때 테일러가 말한 생산성이 향상된 일류 노동자는 1911년 아무도 상상하지 못할 만큼 그 어떤 숙련공보다 많은 돈을 벌었다.

점차 지식산업과 서비스산업 업무는 물건을 만들고 이동시키는 것과 같은 일이 될 것이다. 즉 오래된 과학적 관리를 내세운 '그냥 일'이 될 것이다. (적어도 테일러의 진정한 후계자, 더 급진적인 인공지능의 지지자들의 생각이다.) 하지만 우리는 당분간 지식산업과 서비스산업 업무를 '그냥 일'로 취급하면 안 된다. 이 업무는 주어진 일에서 실제로 어떤 생산적인 성과를 달성하는지를 보고, 세 개의 카테고리로 분리할 수 있다. 이 과정, 즉 성과를 정의하는 과정은 똑똑하게 일하기의 세 번째 단계다.

지식산업과 서비스산업의 일부 업무에서는 성과가 품질을 의미한다. 예를 들어 연구실에서 양(결과의 숫자)은 질과 비교하면 부수적이다. 연간 매출이 5억 달러가 되고, 십 년 동안 시장을 지배할 새로운 신약은 연간 매출이 2,000~3,000만 달러 정도 되는 '비슷한 약' 20개보다 훨씬 가치가 있다. 중요도에서 떨어지긴 하지만, 예를 들어 의사의 진단이나 포장 디자인 잡지 편집뿐 아니라 기본 정책과 전략 결정에도 같은 원칙이 적용된다. 각각의 경우, 우리는 좋은 성과를 이끌어내는 과정을 어떻게 분석해야 할지 모른다. 따라서 생산성을 높이기 위해 '무엇이 효과가 있는가?'라는 질문만 할 수 있을 뿐이다.

두 번째 카테고리에는 대다수의 지식산업과 서비스산업 업무가 포함된다. 품질과 양이 모두 성과의 구성 요소인 일이다. 백화점 매출이 하나의 사례다. '만족스러운 고객'을 만드는 것은 매출전표의 금액만큼 중요하지만, 이를 정의하기란 쉽지 않다. 마찬가지로 건축

제도공이 한 일의 품질은 성과의 필수 요소지만, 그 사람이 만든 도면의 숫자도 필수적이다. 이는 엔지니어, 증권사 세일즈맨, 의료 기술자, 은행 지점 관리자, 기자, 간호사, 손해 사정인에게도 적용된다. 이런 일에서 생산성을 높이려면 '무엇이 효과적인가?'라는 질문을 던져야 하지만, 또한 과정을 단계별, 작업별로 분석해야 한다.

마지막으로 물건을 만들고 이동하는 것과 마찬가지로, 즉 양에 따라(예를 들어 병상을 준비하는 데 드는 시간) 성과가 정의되는 서비스 업무(파일링, 사망 청구서 처리, 병상 만들기)도 매우 많다. '생산'하는 일에서 업무의 질은 성과의 일부라기보다 외부적인 기준이 된다. 기준을 정의하고 이를 업무 과정에 결부시키는 일은 필수적이다. 하지만 한번 과정에 포함하고 나면 실제 생산성 향상은 전통적인 산업공학, 즉 업무를 분석하고 개개의 작업을 완전한 일로 묶는 과정에서 나온다.

*****

업무를 정의하고, 업무에 집중하고, 성과를 정의한다는 세 단계는 생산성 측면에서 가장 큰 성장을 가져올 것이다. 세 단계는 반복해서 수행할 필요가 있고, 3~5년마다 아니면 조직의 변화가 있을 때마다 거쳐야 한다. 지금까지 경험에 따르면, 세 단계를 거쳐 나온 생산성 향상은 산업공학이나 과학적 관리, 인적 관리를 통해 제조업에서 얻은 생산성 향상과 같다. 다시 말해 세 단계는 지식과 서비스 업무에서 우리에게 필요한 생산성 혁명을 제공할 것이다.

하지만 한 가지 조건이 있다. 제2차 세계대전 이후, 물건을 만들고 이동시키면서 이룬 생산성 향상을 통해 배운 것을 적용해야 한다. 똑똑하게 일하기의 네 번째 단계는 경영진이 실제 업무를 담당하고 생산적이 되어야 하는 사람들과 동반자 관계를 형성하는 것이다. 목표는 업무의 수준이나 어려움, 기술과 관계없이 모든 지식산업과 서비스산업 업무를 생산성과 성과에 대한 책임과 결부시키는 것이다.

프레더릭 테일러는 노동자들에게 일을 어떻게 개선할 수 있다고 생각하는지 한 번도 묻지 않았다는 이유로 비난받았다. 엘턴 메이오도 묻지 않았다. 하지만 테일러의 (그리고 40년 후 메이오의) 방법은 전문가의 지혜가 승리한다는 것을 보여주는 시간의 산물이었다. (프로이트는 환자에게 절대로 그들의 문제가 무엇이라고 생각하는지 묻지 않았다. 마르크스나 레닌도 대중에게 물었다는 기록이 없다.) 테일러는 노동자와 관리자를 모두 '멍청한 황소'로 여겼다. 메이오는 관리자는 크게 존경했지만, 노동자는 '미숙'하고 '적응하지 못하기' 때문에 심리학자의 전문적 지도가 필요하다고 생각했다.

제2차 세계대전이 발발했을 때 우리는 노동자들에게 질문해야 했다. 우리는 선택권이 없었다. 미국 공장에는 엔지니어나 심리학자, 현장 감독자가 없었다. 모두 전쟁터에 나가 있었다. 놀랍게도 우리는 노동자가 멍청한 소도 아니고, 미숙하거나 부적응자도 아니라는 사실을 깨달았다. 그들은 자신이 하는 일, 그 일의 원리와 리듬, 특성, 수단에 대해 상당히 잘 알고 있었다. 그들에게 묻는 것이 생

산성과 품질을 해결하는 방법이었을 것이다.[6]

처음에는 일부 기업만 이런 새로운 명제를 받아들였다. (IBM은 이 명제를 받아들여 행동한 선구자이자 유일한 대기업이었다.) 하지만 1950년대 말부터 1960년대 초, 피비린내 나는 공격과 핵전쟁으로 폐허가 된 일본을 전쟁 이전의 전제군주제로 돌리려 한 일본의 기업가들이 이 새로운 명제를 받아들였다. 현재 널리 실행되고 있지 않지만, 일에 대한 노동자의 지식이 생산성, 품질, 성과를 개선할 시작점이라는 이론은 일반적으로 받아들여지고 있다.

물건을 만들고 이동시키는 일에 책임감을 갖는 노동자와 동업자 관계를 맺는 것은 생산성을 높이는 최선의 방법이다. 결국 테일러의 말이 맞았다. 지식산업과 서비스산업 업무에서 책임감 있는 노동자와의 동업자 관계가 유일한 방법인 것이다.

똑똑하게 일하기의 마지막 요소는 테일러나 메이오가 알지 못했던 두 개의 교훈을 시사한다. 첫째로 지속적인 학습이 생산성 향상에 동반되어야 한다는 것이다. 테일러가 그랬듯이, 업무를 새로 계획하고, 노동자에게 업무 실행 방법을 가르치는 것은 그 자체로 학습을 지속적으로 유지하는 일이 될 수 없다. 교육은 배움의 시작일 뿐이다. 실제로 (선 사상 덕분에) 일본인들이 우리에게 가르쳐주

---

6) 1942년 저서 《The Future of Industrial Man》(웨스트포트, 그린우드 출판, 1978년 재출판)과 1950년 저서 《The New Society》(그린우드, 1982년 재출판)에서 나는 '책임감 있는 노동자'가 '경영의 일부'라고 주장했다. 에드워즈 데밍과 조지프 주란은 전쟁 기간의 경험을 바탕으로 현재 우리가 '품질 분임조', '전사적 품질경영'이라고 부르는 방법을 개발했다. 마지막으로 이 아이디어는 더글러스 맥그레거 (Douglas McGregor)가 1960년 저서 《The Human Side of Enterprise》(뉴욕, 맥그로힐, 1985년, 25주년 기념 인쇄)에서 'X이론'과 'Y이론'으로 제시했다.

는 것처럼, 교육이 가져오는 최고의 혜택은 새로운 것을 배우는 것이 아니라 이미 하고 있는 일을 더 잘하는 것에서 나온다.

지난 몇 년을 통찰하는 것도 중요하다. 지식산업과 서비스산업 근로자는 스스로 가르칠 때 가장 많이 배운다. 잘나가는 세일즈맨의 생산성을 개선하는 최선의 방법은 영업 회의에서 자신의 '성공 비밀'을 발표하는 것이다. 외과 의사가 성과를 높이는 최선의 방법은 지역 의사회에서 자신이 집도했던 수술에 관해 이야기하는 것이다. 우리는 정보화 시대에 모든 기업이 학습 기관이 되어야 한다는 말을 종종 듣는다. 기업은 교육 기관이 되어야 한다.

*****

100년 전 계층 갈등의 징표들이 확실히 있었다. 그 갈등을 완화하고, 계층 전쟁을 피할 수 있게 해준 것은 산업 노동력의 생산성 성장이었다. 전례가 없기 때문에 프레더릭 테일러도 그것을 부를만한 용어는 알지 못했다.

오늘날 우리는 생산성이 경쟁우위의 원천이라는 사실을 안다. 하지만 생산성이 사회 안정을 위한 핵심이라는 사실도 깨달아야 한다. 이런 이유로 제조업처럼 서비스 생산성을 향상하는 것이 선진국 관리자들에게 우선순위가 되어야 한다.

실제 소득이 생산성보다 높을 수 없다는 것이 오래된 경제적 진실이다. 서비스 노동자의 생산성이 빨리 향상되지 않는다면, 제조업에 종사하는 사람이 가장 많았을 때와 비슷할 정도로 많은 서비스

산업 노동자가 사회경제적으로 퇴보할 것이다. 최소한 그런 상황은 경기 침체를 초래할 것이고, 더 나쁜 경우 산업혁명 초기 이후 경험하지 못한 사회적 갈등을 초래할 수도 있다.

서비스산업 노동자는 숫자적 우위를 이용해 자신의 경제적 기여보다 더 높은 임금을 받을 수 있을 것이다. 이는 모든 사람의 실질소득을 떨어뜨리고, 실업률을 높여 전체 사회를 빈곤하게 만들 뿐이다. 그렇지 않다면 부유한 지식노동자의 임금이 끊임없이 올라가는 동안 기술이 없거나 약간의 기술만 가진 서비스 노동자의 소득은 계속 줄어들 것이다. 이는 두 그룹 간의 격차를 더욱 벌려 양극화를 심화시킬 것이다. 어느 경우든 서비스산업 노동자는 점점 더 비참해지고 소외되며 자신을 다른 계층으로 보게 될 것이다.

다행히 우리는 100년 전 선조들보다 좋은 조건을 가지고 있다. 마르크스와 그의 동시대 사람들은 생산성이 높아질 수 있다는 사실을 몰랐지만, 지금 우리는 그 사실을 알고 있다. 또한 생산성을 높이는 방법도 알고 있다. 사회적 요구가 가장 시급한 영역, 즉 공장이나 학교, 병원, 사무실의 유지보수 업무, 레스토랑이나 슈퍼마켓의 계산대 업무, 보험회사나 은행, 일반 회사의 사무 업무 등 기술이 없거나 약간의 기술만 있으면 수행할 수 있는 서비스 업무를 우리는 가장 잘 알고 있다. 본질적으로 이런 일은 생산 업무다. 지난 100년간 우리는 최소한의 요건을 변경하면서 생산성을 향상하는 방법을 알게 되었다.

일부 다국적 기업들은 직원의 생산성을 개선하기 위해 이 단계들을 적용했다. 미국과 유럽의 기업들은 이 글에서 내가 제안한 방법을 기술이 필요 없는 서비스 업무에 체계적으로 적용했다. 업무를 정의하고, 업무에 집중하고, 성과를 정의하고, 생산성 향상을 위해 직원과 협력하고, 그들에게서 아이디어를 얻고, 끊임없는 배움과 직원 교육을 모든 직원의 업무에 포함시켰다. 그 기업들은 생산성을 크게 높일 수 있었고, 일부는 생산성이 두 배 증가했으며, 이를 바탕으로 임금도 상향할 수 있었다. 이 과정을 통해 노동자의 자존감과 자신감도 고양시킬 수 있었다.

업무를 위탁하지 않고 그런 성과를 냈다는 것은 우연이 아니다. 서비스 업무의 생산성 향상을 위해서는 보통 다른 비즈니스를 하지 않고, 직무를 이해할 뿐 아니라 존중하고, 기술 없는 노동자에게 발전의 기회(예를 들어 지역 관리자가 되는)를 주는 회사와 계약해야 한다. 이 단계를 스스로 실행하는 조직들, 예를 들어 병상이 있는 병원이나 학생을 가르쳐야 하는 대학은 생산성을 높이기 위해 시간과 노력을 기울이며 업무를 이해하려 하거나 존중하려 하지 않는다.

우리는 지금 우리의 과제가 무엇인지 이미 알고 있고, 과제를 수행할 능력을 가지고 있다. 이는 매우 시급한 일이다. 서비스 업무의 생산성을 높이기 위해 정부나 정치권에만 기댈 수는 없다. 기업과 비영리 조직의 관리자와 경영진이 이 과제를 감당해야 한다. 이는 실제로 지식사회에서 경영진이 감당해야 할 첫 번째 사회적 책임이다.

(초판 1991년 11~12월 발행. 재인쇄)

# 핵심 포인트

    100년 전 프레더릭 테일러는 마르크스를 패배시킨 혁명을 촉발했다. 물건을 만들고 이동시키는 작업을 어떻게 가장 효과적으로 수행하는가를 연구하면서, 테일러는 일반 노동자가 숙련된 직공만큼 돈을 벌게 해준 생산성 향상 방법의 기초를 닦았다.

    오늘날의 선진국에는 또 다른 생산성 혁명이 필요하다. 이번에는 지식과 서비스 분야에서의 혁명이다. 처음으로 생산성 향상을 달성하는 나라가 다음 세기 경제를 지배할 것이다. 그렇지 못한 나라, 특히 서비스 분야의 생산성을 향상하지 못하는 나라는 사회 갈등이 고조되고, 계층 전쟁이 벌어질 수 있다. 새로운 생산성 혁명의 핵심은 테일러가 '똑똑하게 일하기'라고 부르는 것이다. 지식산업과 서비스산업 업무를 똑똑하게 수행하려면, 다음의 다섯 가지 단계가 필요하다.

- 업무를 정의한다. 무엇을 성취하려고 하는가?' 뿐만 아니라 '이 일을 해야 하는가?'를 질문한다. 생산성 향상을 위한 가장 손쉬운 방법은 할 필요가 없는 일을 없애는 것이다.

- 업무에 집중한다. 바쁜 업무로 이어지는 '직무 확충'은 많은 경우 직원이 업무에서 가치를 창출하는 일을 방해한다.

- 성과를 정의한다. 어떤 일에서는 성과가 품질을 의미한다. 어떤 일에서는 품질과 수량이 성과를 구성한다. 서비스업은 '생산'에 관한 일인데, 이 경우 성과는 해낸 일의 양으로 정의되고, 품질은 외적인 기준이 된다.

- 사람들에게 누구의 생산성이 개선될 수 있을지 물어본다. 오늘날 관리자는 직원과 함께 협력해서 일해야 한다.

- 성과를 낸 사람이 다른 사람에게 어떻게 성과를 냈는지 교육함으로써 조직에 지속적인 배움의 문화를 만든다.

8장

# 기업은 비영리 기관에서
# 무엇을 배울 수 있는가

피러 드러커의 경영을 읽다

．

．

．

　걸스카우트, 적십자, 교회 등의 비영리 기관은 미국의 경영 리더
가 되고 있다. 비영리 기관은 전략과 목표 달성 측면에서, 미국 기
업들이 설교만 하는 것을 실천하고 있다. 그리고 가장 중요한 영역,
즉 노동자의 동기부여와 생산성 측면에서 비영리 기관은 진정한 선
구자고, 기업은 당장 비영리 기관의 정책과 실천을 배워야 한다.

　미국에서 비영리 기관이 가장 많은 사람을 고용하고 있다는 사
실을 아는 사람은 별로 없다. 8,000만 명 이상이 평균 한 개 이상
의 비영리 단체에서 매주 약 다섯 시간씩 자발적으로 일한다. 이
는 천만 명의 전업 근로자가 일하는 시간과 동일하다. 자원봉사자
가 돈을 받는다고 하면 최저임금으로 계산하더라도 1,500억 달러,
즉 미국 국민총생산의 약 5퍼센트를 받게 될 것이다. 자원봉사 일
은 빠르게 변하고 있다. 자원봉사를 하는 데는 기술이나 판단이 거
의 필요하지 않은데, 어느 토요일 오후에 이웃을 돌아다니며 모금

하는 일, 집집이 돌아다니며 걸스카우트 쿠키를 파는 학생을 위해 운전하는 일, 노인을 모시고 병원에 가는 일 등이 있다. 그러나 많은 자원봉사자들이 조직의 전문적 업무와 관리 업무를 인계받으며 '무급 직원'이 되고 있다.

물론 모든 비영리 기관이 성공하는 것은 아니다. 많은 지역사회 병원이 어려움을 겪고 있다. 전통적인 교회와 모든 종류의 신념(진보주의, 보수주의, 복음주의, 근본주의)과 관련된 회당에도 신자가 계속 줄고 있다. 실제로 비영리 기관들은 지난 10~15년 동안(인플레를 고려해서), 모금된 자본이나 자원봉사자 인원이 확장되지 못하고 있다. 하지만 생산성과 일의 범위, 미국 사회의 기여도 면에서 비영리 기관은 지난 20년간 엄청나게 성장했다.

구세군이 하나의 사례다. 플로리다에서는 처음으로 감옥에 가는 사람들이 매년 2만 5,000명이고, 대부분 흑인이나 히스패닉계 젊은이들이다. 이들은 구세군의 보호 아래 가석방된다. 통계에 따르면, 이 젊은이들이 전과자가 되면 대부분 상습범이 된다. 하지만 구세군은 자원봉사자가 운영하는 엄격한 직업훈련을 통해 이들 중 80퍼센트를 갱생시켰다. 프로그램 운영 비용은 수감에 사용되는 비용과 대비하면 극히 일부에 불과했다.

이 프로그램과 목표 달성 능력을 가진 비영리 기관의 바탕에는 경영자의 헌신이 있다. 20년 전 경영자는 비영리 기관에서 일하는 사람들에게는 듣기 싫은 단어였다. 그 말은 사업을 의미했고, 비영리 기관은 상업주의라는 오명이나 비도덕적이라는 비난에서 벗어난 것을 자랑스러워했다. 이제 비영리 기관은 오히려 기업보다 경영자가 더 필요하다는 사실을 알고 있는데, 그들에게는 최종 결산결과라는 기준이 없기 때문이다. 물론 비영리 기관은 여전히 '선한 일'에 전념하지만, 좋은 의도가 조직과 리더십, 책임, 성과, 결과를 대신하지 못한다는 것도 알고 있다. 그래서 경영자가 필요하고, 이는 다시 조직의 미션에서 시작된다.

원칙적으로 비영리 기관은 기업보다 돈에 민감하다. 돈을 모으기 어렵고, 항상 필요한 것보다 돈이 부족하므로 항상 재정 문제를 걱정한다. 하지만 비영리 기관은 일반 기업처럼 돈을 바탕으로 한 전략에 기대거나, 돈을 계획의 중심에 두지 않는다. 회사를 운영하면서 비영리 단체의 이사로 있는 유명한 최고 경영자는 "내가 맡은 기업은 계획을 세울 때 자본이익률을 먼저 본다. 비영리 단체는 미션 달성을 먼저 생각한다"라고 말했다.

미션과 필요에서 시작하는 것은 기업이 성공한 비영리 기관에서 배울 수 있는 첫 번째 교훈이다. 이는 실행에 집중하게 한다. 또한 중요한 목표를 이루는 데 필요한 구체적인 전략을 정의한다. 이는 훈련된 조직을 만든다. 그것만으로 조직의 가장 일반적인 문제인 제한된 자원을 극소수의 생산적인 노력에 집중하는 것이 아니라 '흥미롭거나', '수익성이 있어 보이는' 것에 분산되는 일을 막아준다.

최고의 비영리 기관은 조직의 임무를 정의하는 데 심사숙고한다. 그들은 좋은 의도로만 채워진 포괄적인 성명서를 피하고, 스텝과 자원봉사자가 달성해야 할 분명한 목표에 집중한다. 예를 들어, 구세군의 목표는 사회에서 버림받은 사람, 알코올중독자나 범죄자, 부랑자를 시민으로 바꾸는 것이다. 걸스카우트는 소녀들을 자신과 남을 존중하는 자신감 있고 능력 있는 여성으로 만드는 것을 목표로 한다. 자연보호단체는 자연의 동물과 식물의 다양성을 보존하려고 한다. 비영리 기관은 환경과 지역사회, '고객'이 될 사람들에서 시작한다. 미국 기업이 하듯 조직과 수익률이라는 내부적인 것에서 시작하지 않는다.

일리노이주 시카고 교외의 사우스 바링턴에 있는 윌로우크릭 교회는 교구 신자가 약 1만 3,000명인 대규모 교회다. 교회가 세워진 지 15년도 되지 않았다. 이십 대 초반 교회를 세운 빌 히벨스(Bill Hybels)는 인구가 빠르게 증가하고, 교회가 많지만 교인이 상대적으로 적다는 이유로 이 지역을 선택했다. 그는 집집이 방문해 "왜 교회에 나가지 않나요?"라고 물었다. 그리고 잠재적인 고객의 요구에 맞춰 교회를 계획했다. 예를 들어 예배 시간을 수요일 저녁으로 정했는데, 일하는 부모가 일요일은 아이들과 시간을 보내고 싶어 했기 때문이었다. 히벨스는 사람들의 이야기를 듣고 반응했다. 설교를 녹음해서 신도들이 교회를 떠나는 즉시 다시 들을 수 있게 했다. 신자들은 "집에 돌아가거나 일하러 가는 길에 말씀을 듣고 그 말씀에 따라 살게 되었다"라고 말했다. "항상 설교할 때 삶을 바꿔야 한다고 하지만 어떻게 바꾸는지 알려주지 않는다"라고 말하는 사람도 있었다. 그 후 히벨스는 설교할 때 반드시 구체적인 행동을 언급했다.

잘 정의된 미션은 '고객'뿐 아니라 성공의 척도를 위해 조직 밖을 둘러보아야 한다는 사실을 끊임없이 상기시킨다. 비영리 기관은 '선한 취지'에 만족하려는 유혹, 그래서 좋은 의도를 결과로 대체하려는 유혹에 항상 노출된다. 성공한 비영리 기관은 조직 밖의 어떤 변화가 '결과'를 만드는지 정확히 정의하고 거기에 집중한다.

남서부의 큰 가톨릭병원 체인의 사례는 미션이 무엇인지 확실히 알고, 성과에 집중하는 것이 얼마나 생산적인지를 보여준다. 지난 8년간 노인 의료보장제 지급과 병원에 입원하는 환자의 수가 크게 줄었지만, 이 체인은 규모를 확장하고, 전반적인 의료 서비스 기준을 높였음에도 수익이 15퍼센트 증가했다(수익분기점을 달성했다). 최고 경영자로 있던 수녀가 이 병원의 운영 목적이 (특히 가난한 사람에게) 건강 돌봄을 제공한다는 데 있음을 이해했기 때문이다.

그 결과, 십 년 전 건강 돌봄 서비스가 경제적인 이유가 아니라 의료상의 이유로 병원에서 사라지기 시작했을 때, 이 체인은 추세에 대항하지 않고 추세를 따랐다. 병원은 이동수술센터, 재활센터, 영상의학센터, 연구 네트워크, HMO 등을 만들었다. 병원의 모토는 "환자의 이익에 우선한다. 돈을 받는 것은 그다음 일이다"라고 한다. 역설적이게도 이 병원의 정책은 체인의 확장으로 이어졌다. 병원이 유명해져서 독립적인 시설의 소개를 꾸준히 받게 된 것이다.

이는 성공적인 일본 기업의 마케팅 전략과 크게 다르지 않다. 일본 기업의 마케팅 전략은 서구 기업의 운영 방식과는 매우 다르다. 그 차이는 가톨릭 수녀, 그리고 일본인이 자신들에게 돌아올 보상보다 미션에서 출발하고, 자신들 밖에서 일어나는 일로 보상받는다고 생각하는 데서 나온다.

마지막으로 확실히 정의된 미션은 혁신적인 아이디어를 끌어내고, 예전과 달라진다고 하더라도 왜 그렇게 변화해야 하는지를 다른 사람에게 이해시킬 수 있게 한다. 예를 들어 걸스카우트가 5년 전 시작한 데이지스카우트를 생각해보자. 75년 동안 쿠키 파는 그룹에 들어갈 수 있는 최저 연령은 초등 1학년으로 정해져 있었고, 위원들은 그 기준을 유지하고자 했다. 하지만 일하는 여성이 늘면서 '열쇠를 들고 다니는' 아이들이 증가한다는 인구통계를 살펴본 관계자들이 있었다. 그들은 그 아이들이 한 세대 전 같은 나이의 아이들보다 훨씬 성숙하다는 사실을 깨달았다(티브이 덕분이다).

현재 데이지스카우트에는 십만 명의 회원이 있고, 그 수는 빠르게 증가하고 있다. 지난 20년 동안 만들어진 미취학 아동을 위한 프로그램 중 가장 성공적이고, 그 어떤 값비싼 정부 프로그램보다 훨씬 성공을 거두었다. 중요한 인구통계 변화와 아이들의 티브이 시청 시간이 길어진 것을 기회로 본 유일한 사례다.

*****

많은 비영리 기관은 기능적 이사회(functioning board)를 갖고 있는데, 이는 일반 기업에는 예외적인 것이다. 성과를 매년 이사회에 평가받는 최고 경영자도 있다. 또한 이사회는 미리 정한 성과 목표와 비교해 매년 경영자의 성과를 검토한다. 비영리 기관의 이런 효과적인 이사회 활용이 기업이 배워야 할 두 번째 부분이다.

미국 법에서 이사회는 여전히 기업의 '경영' 기관으로 여겨진다. 경영 분야 저술가나 학자들이 강력한 이사회는 필수적이라는 데 동의하며, 20여 년간 마일즈 메이스(Myles Mace)를 선두로 많은 저자와 학자들이 이사회의 효과에 관한 글을 썼다.[7] 그런데도 대기업의 최고 경영진은 50년 이상 이사회의 역할, 권력, 독립성을 점점 축소시켰다. 지난 수십 년 동안 대기업의 모든 실패한 사업에서 이사회는 일이 잘못되어 간다는 사실을 가장 늦게 알았다. 목표 달성 능력이 있는 이사회를 찾으려면 공기업보다 비영리 기관을 살펴보는 것이 훨씬 효과적이다.

이 차이는 어느 정도 역사적인 산물이다. 전통적으로 이사회는 비영리 기관을 운영했다. 아니 운영하려고 노력했다. 사실 비영리 기관은 한 달에 세 시간짜리 회의에 참석하는 파트타임 외부인이 운영하기에는 너무 크고 또 복잡하게 성장해서, 그 일은 전문 경영진에게 넘어갔다. 미국 적십자는 세계에서 가장 크고 복잡한 비정부 기관일 것이다. 적십자는 전 세계 재난 구호를 담당하고, 수천 개의 혈액은행, 뼈 은행, 피부 은행을 운영하고 있다. 구조 시 필요한 심장이나 호흡 훈련도 하고 있다. 하지만 1950년까지 적십자의 최고 경영자는 돈을 받지 않고 일했고, 레이건 대통령 시대가 되어

---

7) 마일즈 메이스(Myles Mace)의 "The President and the Board of Directors"(《하버드 비즈니스 리뷰》, 1972년 3~4월, 37쪽)가 좋은 사례다.

서야 처음으로 전문 경영인(professional CEO)이 기관을 맡게 되었다.

전문 경영진이 일반적이 되었고 대부분의 비영리 기관을 전문 경영인이 맡고 있지만, 비영리 기관의 이사회는 원칙적으로 기업의 이사회가 그렇듯이 무능해지지 않았다. 비영리 기관의 최고 경영자가 원하더라도(실제로 상당수가 원할 것이다), 이사회는 그들의 거수기가 될 수 없다. 돈이 하나의 이유다. 공기업 이사회는 회사 주식을 소유하지 않지만, 비영리 기관의 이사회는 많은 돈을 기부하고 기부자를 초빙하는 일을 도맡는다. 또한 비영리 기관의 이사회는 조직의 대의에 동의하는 경향이 있다. 종교나 교육에 크게 관심이 없는데 교회 제의실이나 학교 이사회에 앉아 있는 사람은 없다. 더욱이 비영리 기관의 이사회는 일반적으로 오랫동안 자원봉사자로 활동했기 때문에, 기업의 외부 이사회와 달리 조직을 잘 알고 있다.

비영리 기관의 이사회는 매우 헌신적이고 활동적이기 때문에 그들과 최고 경영자의 관계는 매우 논쟁적이고 마찰이 생길 가능성이 크다. 비영리 기관 최고 경영자는 이사회가 '개입한다'고 불평한다. 이사회는 경영진이 이사회의 기능을 '빼앗는다'고 불평한다. 이로 인해 이사회나 최고 경영자 중 누구 하나가 '보스'가 아니라는 사실을 깨닫는 비영리 기관이 점점 늘고 있다. 그들은 같은 목표를 위해 일하지만 다른 업무를 하는 동료다. 또한 이사회와 최고 경영자의 업무를 정의하는 것이 최고 경영자의 책임이다.

예를 들어 태평양 북서부에 있는 대형 전기 협동조합은 한 명씩으로 구성된 열 개의 이사회 위원회를 만들었다. 각 위원회는 지역사회 관계, 전기세율, 인사, 서비스 기준 등 특정 업무를 맡았다. 협동조합의 자원봉사 회장과 월급을 받는 최고 경영자와 함께 각 위원회는 1년 목표와 3년 목표를 정하고, 목표 달성을 위해 필요한 일을 정의했는데, 이를 위해서는 보통 일 년에 5~8일 정도가 필요했다. 회장은 매년 각 위원의 업무와 성과를 검토하고 성과가 2년 연속 기준을 충족하지 못하는 경우 새 위원을 뽑았다. 또한 회장은 세 명의 다른 이사들과 함께 매년 전체 이사회와 최고 경영자의 성과를 검토했다.

이 사례에서 볼 수 있듯이, 이사회를 효과적으로 만드는 핵심은 이사회의 기능에 대해 이야기하는 것이 아니라, 이사회의 일을 정리하는 것이다. 점점 더 많은 비영리 기관이 그렇게 하고 있는데, 그들 중 절반은 중간 규모의 인문대학, 신학대학, 연구 병원, 박물관이다. 역설적이게도 이런 접근 방법은 300년 전 미국 최초의 비영리 기관 이사회, 즉 하버드 대학의 감독 이사회가 만들어진 방식을 다시 살펴보게 한다. 각 구성원은 대학에서 한 영역, 즉 의과대학이나 천문학과, 기부금 투자 등 한 영역의 '방문자'로 임명되고, 그 분야에 관한 지식의 원천이자 성과를 평가하는 사람으로 일했다. 변화를 가져오는 이사회는 하버드에만 있다는 말이 미국 학계에서 유명하다.

(마일즈 메이스를 시작으로) 많은 경영학자가 예견했듯이, 대기업 이사회의 권력이 약화한 것은 경영진의 역량 저하로 이어졌다. 이는 성과와 결과에 대한 경영진의 책임을 분산시켰다. 실제로 최고

경영자의 성과를 미리 정한 목표와 비교해 검토하는 대기업 이사회는 없다. 이미 예견했듯 이사회의 권력 약화는 최고 경영진의 목표 달성 능력을 부추기는 믿을 만한 지원을 빼앗아버렸다. 이런 예견은 최근의 빈번한 적대적 경영권 인수를 바탕으로 한 것이다.

경영진의 경영 능력을 회복시키기 위해서는 이사회를 다시 원래의 자리로 되돌려야 하고, 이를 최고 경영자의 책임으로 보아야 한다. 이미 첫 번째 걸음은 내디뎠다. 대부분 회사의 감사 위원회는 상상 속 책임이 아니라 실제적인 책임을 진다. 일부 기업은 승계와 임원 개발에 관련된 작은 이사회를 갖고 있는데, 이들은 고위 경영진의 성과와 계획을 논의하기 위해 그들과 정기적으로 만난다. 하지만 내가 아는 한 현재 이사회의 업무 계획이나 이사회 성과를 검토하는 회사는 없다. 또한 대형 비영리 기관에서는 일상적이고 체계적인 훈련을 통해 이사회의 새로운 구성원을 뽑는 기업도 거의 없다.

\*\*\*\*\*

비영리 기관은 "우리는 자원봉사자에게 돈을 지급하지 않는다. 따라서 그들에게 무언가를 요구할 수 없다"라고 말하곤 했다. 이제는 "자원봉사자는 돈을 받지 않기 때문에 그들이 해낸 업적에서 더 큰 만족을 얻고 더 크게 헌신할 수 있다"라고 말할 것 같다. 자원봉사자의 의미가 선의의 아마추어에서 훈련되고 전문적인 돈을 받지 않는 직원으로 바뀐 것은 비영리 기관의 가장 중요한 발전이었고, 이는 향후 기업에 가장 큰 영향을 미칠 것이다.

중서부의 한 가톨릭 교구는 이런 측면에서 가장 동떨어져 있는데, 그 교구는 15년 전보다 신부와 수녀의 수가 절반 이하로 줄었다. 하지만 활동은 크게 확장되어 노숙자나 마약 중독자들을 위한 도움은 두 배 이상 늘었다. 꽃을 준비하는 제단 준비자 같은 전통적인 봉사자도 있다. 돈을 받지 않고 파트타임으로 가톨릭 구제단체를 운영하거나, 교구 학교에서 행정 업무를 담당하거나, 청소년 활동과 대학의 새신자 클럽을 담당하는 사람이 2,000명 정도 된다.

남부 침례교에서 가장 크고 오래된 버지니아 리치먼드의 퍼스트 침례교회에서도 비슷한 변화가 있었다. 5년 전 피터 플레밍(Peter J. Flamming) 박사가 교회를 맡을 당시, 오래된 도심 교회에서 일반적으로 나타나는 것처럼 교회는 수년간 내림세를 겪고 있었다. 현재 이 교회는 입교인이 4,000명이고, 십여 개의 지역사회 지원 프로그램을 운영하고 있으며, 교회 내 목회자의 자리도 꽉 차 있다. 이 교회에서 돈을 받고 일하는 직원은 아홉 명뿐이다. 4,000명의 입교인 중 1,000명은 돈을 받지 않고 일한다.

이런 발전은 결코 종교 기관에만 국한되지 않는다. 미국심장학회는 전국의 모든 도시에 지부를 갖고 있다. 하지만 돈을 받고 일하는 직원은 전국 단위 본부 직원과 일부 실전에서 문제를 해결하려고 이동해 다니는 사람들뿐이다. 자원봉사자가 지역사회의 건강 교육과 자금모금을 책임지며, 지부를 관리하고 직원으로 일한다.

이런 변화는 어느 정도는 필요에 대한 반응이다. 이미 절반 정도의 성인이 봉사활동을 하고, 그들의 전반적인 숫자가 더 늘어날 것 같지는 않다. 비영리 기관은 항상 돈이 부족하므로 월급을 주고 직원을 고용할 수 없다. 활동을 늘리고 싶거나 수요가 증가하면 자원봉사자를 더 생산적으로 만들어야 하고, 그들에게 더 많은 업무와 책임을 맡겨야 할 것이다. 하지만 자원봉사자 역할에 있어 변화의 주된 원동력은 자원봉사자 자신에게서 온다.

자원봉사자 중 관리직이나 전문직 교육을 받은 사람, 50대에 일찍 은퇴한 사람, 30~40대 중반의 베이비붐 세대가 점점 증가하고 있다. 이런 사람들은 단순히 도와주는 역할에 만족하지 않는다. 그들은 지식노동자로 먹고 살아왔고, 사회에 헌신하는 일에서도 지식노동자로 남고자 한다. 비영리 기관이 그들을 모으고 지키고 싶다면, 그들의 경쟁력과 지식을 업무에서 활용할 수 있게 해야 한다. 그들이 의미 있는 것을 성취하게 해주어야 한다.

많은 비영리 기관은 체계적으로 그런 사람을 영입한다. 경험 많은 자원봉사자는 적십자 모금 활동을 하기 위해 교회나 교구, 이웃에서 새로 올 사람을 물색하고, 리더십이 있는 사람을 찾아 그들에게 더 어려운 임무를 맡도록 설득하는 역할을 맡는다. 그러면 더 높은 직급의 직원(돈을 받고 일하는 전업 직원이거나 경험 많은 봉사자)이 그들의 강점을 평가하기 위해 신입의 면접을 보고 적절한 자리에 배치한다. 자원봉사자는 성과 목표를 달성하기 위해 멘토나 감독관과 함께 일할 수 있다. 이런 조언자는 일반적으로 자원봉사자다.

걸스카우트도 그런 식으로 일하는데 3,500만 명의 회원을 위해 돈을 받고 일하는 직원은 6,000명이고, 자원봉사자는 73만 명이다. 봉사자는 보통 일주일에 한 번 학생을 회의 장소로 운전해 데려다 준다. 더 경험이 많아지면 아이들과 함께 집집이 돌아다니며 걸스카우트 쿠키를 팔거나 캠핑에서 리더 역할을 한다. 이런 단계별 과정은 지역 위원회의 자원봉사자 이사회로 발전하고, 결국 걸스카우트 관리 기관인 전국 이사회로 발전한다. 각 단계에는 의무적인 훈련 프로그램이 있고 보통 자원봉사자가 관리한다. 각 단계에는 구체적인 성과 기준과 목표가 정해져 있다.

돈을 받지 않고 일하는 직원은 무엇을 요구할까? 어떤 이유로 언제든 떠날 수 있지만 왜 떠나지 않고 머무는 것일까? 가장 중요한 첫 번째 요구는 비영리 기관의 분명한 미션, 즉 기관이 하는 모든 일의 원동력이 되는 미션이다. 한 대형 지역은행의 부사장에게는 두 명의 아이가 있었다. 하지만 그녀는 멸종 위기의 자연생태를 찾고 매입하고 관리하는 자연보호단체 지부의 회장 역할을 맡았다. 왜 그런 힘든 일을 추가로 맡았냐고 묻자 그녀는 "이 일이 좋아요. 물론 은행 일도 신념을 가지고 하고 있습니다. 하지만 어떤 기여를 하고 있는지 실제로 알지 못합니다. 자연보호단체에서 일할 때는 내가 왜 여기 있는지를 알 수 있습니다"라고 대답했다.

이 새로운 유형이 요구하는 두 번째는 훈련이다. 경험 많은 사람들에게 동기를 부여하고, 그들을 머무르게 하는 가장 효과적인 방법은 그들의 전문성을 인정하고, 그것을 신입을 훈련하는 데 사용하는 것이다. 이런 지식노동자는 심사숙고해서 자신의 성과 목표를 결정하고, 책임을 맡기를 바란다. 자기 일과 조직 전체의 일에 영향을 미칠 결정을 내리는 데 참여하고 의논 상대가 되기를 기대한다. 또한 발전의 기회를 기대하며, 더 어려운 업무를 맡고, 성과에 맞는 더 많은 책임을 갖기를 원한다. 그런 이유로 비영리 기관에서는 자원봉사자를 위한 커리어 단계를 개발했다.

이런 모든 활동을 지원하는 것은 경영자의 책임이다. 오늘날 지식노동자인 자원봉사자가 적어도 일 년에 한 번은 미리 정해진 목표와 비교해 자신의 성과를 검토받고자 한다. 그리고 기관이 성과를 내지 못하는 사람을 역량에 더 잘 맞는 업무로 옮기거나 기관에서 떠나도록 조언하기를 기대한다. 중서부 교구에서 자원봉사자를 담당하는 한 목사는 "해병대의 신병훈련소보다 더합니다. 대기하는 사람만 400명이에요"라고 말한다. 중서부의 한 미술관에서는 이사회 구성원과 모금업무를 맡은 사람, 전문 안내원, 미술관 소식지를 편집하는 자원봉사자에게 매년 스스로 목표를 세우고 목표와 비교해 자신을 평가하고 2년 연속 목표를 달성하지 못하면 스스로 물러나도록 요구한다. 중간 규모의 대학 내 유대교 단체도 그렇게 한다.

이런 자원봉사 전문가들은 여전히 소수고, 아마도 전체 봉사자에서 차지하는 비율이 10퍼센트 정도밖에 안 될 것이다. 그들의 수는 점점 증가하고 비영리 기관에서 영향력은 더욱 커지고 있다. 한 대형 교회 목사는 이렇게 말했다. "이 교회에 평신도는 없습니다. 목사와 일부 돈을 받고 일하는 사람, 그리고 돈을 받지 않고 일하는 대부분 사람이 있을 뿐입니다."

＊＊＊＊＊

비영리 기관 자원봉사자에서 돈을 받지 않는 전문가로의 변화는 오늘날 미국 사회에서 가장 큰 발전일 것이다. 우리는 가족과 지역사회의 쇠퇴 및 붕괴, 가치의 결여에 익숙하다. 물론 우려할 만한 점은 있다. 하지만 비영리 기관이 강력한 반대 흐름을 만들어내고 있다. 그들은 지역사회의 새로운 유대감, 적극적인 시민권과 사회적 책임, 가치에 대한 새로운 책임을 만들고 있다. 비영리 기관이 자원봉사자를 위해 하는 일은 자원봉사자가 비영리 기관을 위해 하는 일만큼 중요하다. 실제로 종교든 교육이든 복지와 관련되었든 비영리 기관이 지역사회에 공헌하는 서비스는 매우 중요하다.

이런 발전은 기업에 분명한 교훈을 준다. 지식노동자의 생산성 관리는 미국 경영진이 마주한 도전 과제다. 비영리 기관은 이를 어떻게 해결해야 할지를 보여준다. 분명한 미션과 세심한 배치, 지속적인 배움과 교육, 목표와 자기관리를 통한 경영, 힘들지만 그에 따르는 책임, 성과와 결과에 대한 의무가 필요하다.

자원봉사 업무의 이런 변화가 미국 기업에 주는 분명한 경고도 있다. 내가 가르치는 고위급 경영진이나 중간 단계 임원을 위한 프로그램을 듣는 학생들은 은행, 보험사, 거대 소매회사, 우주항공, 컴퓨터, 부동산 개발 등 다양한 영역에서 일한다. 대부분은 교회나 자신이 졸업한 대학의 이사회, 스카우트 지도자, YMCA나 지역모

금회, 지역 오케스트라 등 비영리 기관에서 자원봉사 활동도 한다. 그들에게 왜 그 일을 하는지 물었을 때 많은 사람이 똑같이 대답했다. 자신이 하는 일에서는 도전이나 성과, 책임이 충분치 않고, 미션은 없고 이익 추구만 있기 때문이라는 것이다.

(초판 1989년 7~8월 발행, 재인쇄)

# 핵심 포인트

매년 플로리다에서는 처음으로 감옥에 가는 사람들이 매년 2만 5,000명 정도고, 젊은이들은 구세군의 가석방 프로그램에 들어간다. 통계에 따르면, 젊은이들이 감옥에 가면 대부분 상습범이 된다. 구세군은 자원봉사자가 운영하는 엄격한 직업 훈련을 통해 상습범이 될 위험이 있는 이들 중 80퍼센트를 갱생시켰다. 프로그램 운영 비용은 수감 비용과 비교하면 극히 일부에 불과했다.

이런 종류의 목표 달성은 최고의 비영리 기관만이 갖는 특징이다. 20년 전 경영자는 비영리 기관에서 듣기 싫은 말이었다. 오늘날 비영리 기관은 전략과 목표 달성 측면에서 가장 성공적인 모습을 보인다. 모든 기업에 가장 큰 도전 과제인 지식노동자에게 동기를 부여하고, 그들의 생산성을 높이는 면에서 진정한 선구자로 자리하고 있다.

성공적인 비영리 기관에서는 선의를 가진 아마추어가 무급 직원이 되는데, 그들 중 상당수가 보수를 받는 직업에서는 관리자나 전문가로 일하고 있다. 이들은 비영리 기관의 미션을 믿기 때문에 자원해서 일한다. 비영리 기관이 자신의 경쟁력과 지식을 어떻게 써야 하는지를 알기 때문에 계속 봉사한다. 고용주가 교회든 걸스카우트든 기업이든 공식은 똑같다. 사람들에게 의미 있는 일을 맡기고 성과에 책임을 지우며 더 어려운 업무를 할 기회를 주고 훈련시키는 것이다.

9장

# 새로운
# 조직 사회

피터 드러커의 경영을 읽다

.

.

.

　서양 역사에는 수백 년마다 급격한 변화가 있었다. 사회는 수십 년마다 세계관, 기본 가치, 사회 정치적 구조, 예술, 핵심 기관 등을 바꾸었다. 50년 후면 새로운 세상이 존재한다. 새로운 세상에 태어나는 사람은 자신의 조부모가 살았고, 부모가 태어났던 세상을 상상조차 하지 못한다.

　우리 시대는 그런 변화의 시기다. 이런 변화는 서구 사회와 서양 역사에만 한정되지 않는다. 근본적인 변화 중 하나는 '서양' 역사나 '서구' 문명이 이제는 없다는 것이다. 단지 세계 역사와 세계 문명이 있을 뿐이다.

　이런 변화가 최초로 서구 국가가 아닌 거대 경제력을 가진 일본의 등장에서 시작되었는지 아니면 최초의 컴퓨터, 즉 정보에서 시작되었는지는 생각할 필요가 없다. 개인적으로 변화의 시작은 제2차 세계대전에서 돌아온 모든 미군에게 대학에 다닐 돈을 주는 제대군인원호법(GI Bill of Rights)의 시행이라고 생각하는데, 이는 30년 전 제1차 세계대전이 끝났을 때는 말도 안 된다고 생각했던 일이다. 제대군인원호법과 그에 대한 퇴역군인들의 열렬한 반응은 지식 사회로의 이동을 암시했다.

이런 사회에서 지식은 개인과 경제 전체를 위한 주요 자원이다. 경제학자의 전통적인 생산 요소인 땅, 노동력, 자본은 사라지지 않았지만, 부수적인 것이 되었다. 전문적인 지식만 있다면 그런 것은 쉽게 얻을 수 있다. 하지만 전문지식은 그 자체로는 아무것도 생산하지 못한다. 업무에 연결되었을 때만 생산적이다. 그래서 지식사회는 조직 사회다. 기업이든 기업이 아니든, 모든 조직의 목적과 기능은 전문적인 지식을 일반적인 업무에 통합시키는 것이다.

역사가 어떤 지침을 준다면, 이 변화는 2010년이나 2020년까지 끝나지 않을 것이다. 따라서 앞으로 등장할 세상을 세세하게 예측하는 것은 위험하다. 하지만 어떤 새로운 질문이 생길지, 어디에서 큰 문제가 발생할지는 상당히 높은 확률로 알 수 있다.

우리는 조직 사회가 직면한 주요 갈등과 문제를 알고 있다. 안정을 필요로 하는 지역사회와 불안을 필요로 하는 조직에 의해 발생하는 갈등, 개인과 조직의 관계와 상호 책임, 자율성을 요구하는 조직과 공동선을 원하는 사회에서 발생하는 긴장, 조직의 사회적 책임 증가, 전문지식을 갖춘 전문가와 팀 성과 사이에 발생하는 갈등이다. 이 모든 것이 앞으로 중요한 걱정거리가 될 것이고, 특히 선진국에서는 심각한 문제가 될 것이다. 이런 문제는 발생한 곳, 즉 개개 조직과 관리자의 사무실에서 해결될 것이다.

✻✻✻✻✻

　사회와 지역사회, 가족은 모두 보존하는 기관이다. 그들은 안정을 유지하려 하고 변화를 막거나 적어도 늦추려 노력한다. 하지만 현대 조직은 불안정을 양산한다. 조직은 혁신을 위해 조직되어야 하고, 위대한 오스트리아 출신 미국인 경제학자 조지프 슘페터(Joseph Shumpeter)가 이야기했듯이, 혁신은 '창조적 파괴'다. 조직은 제품이든, 서비스든 과정이든, 기술이든, 인간관계나 사회관계든, 조직 자체든, 이미 만들어진 관습적이고 익숙하고 편안한 것을 체계적으로 버리기 위해 조직되어야 한다. 조직의 기능은 지식을 일, 즉 도구나 제품, 과정, 계획, 지식 자체에 활용하는 것이다. 지식은 빠르게 변화하고, 오늘 확신하던 일이 내일은 어리석은 일이 될 수 있다.

　기술 변화는 느리고 자주 일어나지 않는다. 고대 그리스 석수가 오늘날 다시 살아나 석공소에서 일한다면, 유일한 변화는 깎아야 하는 묘비의 모양뿐일 것이다. 사용하는 도구는 같지만 핸들에 전기 배터리가 들어갈 것이다. 역사적으로 5~7년 정도의 도제 기간을 거친 공예가는 열여덟에서 열아홉 살 정도면 평생 필요한 기술을 다 배운다. 하지만 조직 사회에서는 지식을 가진 사람은 4~5년마다 새로운 지식을 습득해야 하고, 그렇지 못하면 시대에 뒤떨어지게 된다.

지식 체계에 가장 많이 영향을 미치는 변화는 원칙적으로 그 자체의 영역에서 나오지 않기 때문에 더욱 중요하다. 구텐베르크가 최초로 이동식 타이프를 이용한 후 증기기관이 등장할 때까지, 400년간 인쇄술에는 사실상 변화가 없었다. 철도는 철도의 변화가 아니라 자동차, 트럭, 비행기로부터 가장 큰 도전을 받았다. 제약 업계는 40년 전만 해도 생물학자도 거의 들어보지 못한 분야인 유전학과 미생물학의 지식을 바탕으로 크게 변화되었다.

　　새로운 지식을 창조하고 기존 지식이 낡은 것이 된 분야는 과학과 기술만이 아니다. 사회적 혁신은 과학적 혁신만큼, 때로는 그보다 더 중요하다. 실제로 19세기 가장 오만한 기관이던 상업은행에전 세계적인 위기를 가져다준 것은 컴퓨터나 기술 변화가 아니었다. 사람들이 오래되고 모호한 금융상품인 기업어음이 회사의 재정을 마련하는 데 사용될 수 있다는 사실을 알게 되었고, 그 일을 은행에서 빼앗았다. 은행은 200년 동안 그 업무를 독점하면서 기업 대출로 대부분 수익을 벌어들였다. 가장 큰 변화는 아마도 지난 40년간 기술적 사회적으로 시도했던 혁신이 가르치고 배울 수 있는 체계적인 분야가 되었다는 점이다.

　　지식기반의 빠른 변화는 많은 사람이 생각하듯 기업에만 한정되지 않는다. 제2차 세계대전 이후 50년간 미군만큼 많이 변한 조직도 없다. 유니폼과 직책은 그대로다. 하지만 1991년 걸프전에서 보았듯 무기가 크게 바뀌었고, 군대의 원칙과 개념, 조직 구조, 명령 구조, 관계, 책임은 더욱 크게 바뀌었다.

앞으로 50년 후면 학교와 대학도 (인쇄된 책을 중심으로 재편되었던 300년 이전부터 지금까지보다) 더욱더 크게 변화할 것이다. 변화를 이끄는 동력의 일부는 컴퓨터, 비디오, 위성을 통한 텔레비전 방송 같은 새로운 기술일 것이고, 일부는 체계화된 학습이 지식노동자 일생의 과정이 될 지식기반 사회의 요구일 것이며, 일부는 인간이 어떻게 배울 것인가에 대한 새로운 이론일 것이다.

\* \* \* \* \*

관리자에게 지식의 역학은 한 가지 분명한 과제를 던진다. 모든 조직이 변화를 관리하는 법을 습득해야 한다는 것이다.

한편으로, 이는 모든 조직이 지금까지 해온 모든 것을 버려야 할 준비를 해야 함을 의미한다. 관리자는 몇 년에 한 번씩 모든 과정과 제품, 절차와 정책에 관해 '이 일을 이미 하고 있지 않다면 지금 알고 있는 지식을 바탕으로 이 일을 시작하게 될 것인가?'라고 질문해야 한다. 답이 부정적이라면 조직은 '이제 무엇을 해야 하는가?'라고 질문해야 한다. '다시 검토하자'고 말하지 말고, 실제 행동해야 한다. 조직은 성공적인 제품, 정책, 습관을 유지하려 하지 말고, 그것을 버릴 계획을 만들어야 한다. 지금까지는 일본의 일부 대기업만 그렇게 해왔다.

모든 조직은 새로운 것을 창조하는 데 전념해야 한다. 특히 모든 경영진은 세 가지 체계적인 관행을 활용해야 한다. 첫째는 조직이 해온 모든 것을 지속적으로 개선하는 것인데, 일본에서는 이를

*카이젠*(Kaizen)이라고 부른다. 역사상 모든 예술가는 카이젠을 실천하면서 지속적으로 자기를 발전시켰다. 하지만 지금까지는 일본(아마도 전통적인 선 사상 때문일 것이다)만이 일상생활과 기업 업무(변화에 저항하는 대학에서는 아니지만)에서 이를 실천하고 있다. 카이젠의 목표는 제품이나 서비스를 개선해 2~3년 후에는 전혀 다른 제품이나 서비스로 만드는 것이다.

둘째로 모든 조직은 지식을 활용하는 법을 배워야 하는데, 다시 말해 자신의 성공 경험을 다음 세대에 적용해야 한다. 지금까지는 미국에서 개발한 녹음기에서 새로운 제품을 하나씩 개발하면서 소비자 전자제품 분야에서 성공을 거둔 일본 기업들이 이런 노력을 가장 잘 해왔다. 하지만 성공을 성공적으로 활용하는 것은 빠르게 성장하는 미국 교회의 강점이기도 하다.

마지막으로 모든 조직은 혁신하는 법을 배워야 하고, 혁신은 체계적인 과정으로 만들어져야 한다. 물론 버리는 과정으로 되돌아갈 수 있고, 과정을 처음부터 다시 시작할 수도 있다. 이렇게 하지 않으면 지식기반 조직은 곧 시대에 뒤처질 것이고, 성과 능력을 잃고 성과를 낼 숙련된 지식노동자를 모으고 붙잡지 못하게 될 것이다.

변화를 위해서는 높은 수준의 분산화도 필요하다. 이는 조직이 빠른 의사결정을 내리기 위해서다. 그런 의사결정은 성과와 시장, 기술, 사회의 많은 변화, 환경, 인구통계, 그리고 찾아서 활용한다면 혁신의 기회를 제공할 지식에 얼마나 가까운지에 달려 있다.

이 모든 것은 자본주의 이후의 사회가 끊임없이 지역사회를 분노하게 만들고, 혼란을 가중시키며, 불안정하게 만든다는 것을 의미한다. 공과대학에서 물리를 가르칠 준비를 할 때, 조직은 유전학자를 필요로 하는 것처럼, 필요한 기술과 지식은 바뀐다. 은행 직원이 신용 분석을 가장 잘할 때 그들에게 요구되는 일은 투자 상담이다. 기업은 지역사회의 고용을 책임지던 공장의 문을 닫을지, 혹은 수년간 기술을 배운 머리가 희끗희끗해진 모형 제작자를 컴퓨터 시뮬레이션을 잘 아는 25세의 신동으로 대체할지 결정할 자유가 있다.

마찬가지로 병원은 지식기반의 산부인과 기술이 변할 때, 출산업무를 독립적인 분만원으로 이관할 수 있어야 한다. 의학 지식과 기술, 관행의 변화로 병상이 200개 이하인 병원이 돈을 벌지 못하고, 일류 의료 서비스를 제공하지 못하게 된다면, 병원 문을 닫을 수 있어야 한다. 인구통계와 기술, 지식의 변화가 성과에 대한 새로운 기준을 제시한다면, 지역에서 뿌리 깊거나 사랑을 받았더라도 병원이나 학교, 그 외 지역사회 조직이 사회적 기능을 하지 못하면 그곳을 닫을 수 있어야 한다.

하지만 그런 변화는 지역사회를 분노하게 하고, 그들의 일을 방해하며, 지역사회의 지속성을 저해할 것이다. 모두가 '불공평'하고 불안정해질 것이다.

\*\*\*\*\*

조직에 관한 또 다른 불편한 사실이 있다. 현대 조직은 지역사회 안에 있어야 하지만, 지역사회는 될 수 없다는 것이다. 조직 구성원은 특정 장소에 살고, 언어를 쓰며, 자녀를 학교에 보내고, 투표하고, 세금을 내며 그 장소에서 편안함을 느낀다. 하지만 조직은 지역사회에 잠식되거나 지역사회의 목적에 종속될 수 없다. 조직의 '문화'는 지역사회를 초월해야 한다.

조직의 문화를 결정하는 것은 업무가 행해지는 지역사회가 아니라 업무의 특성이다. 미국 공무원은 공산주의에 완전히 반대하더라도 중국인 동료가 그에게 베이징에서 있었던 관료적 활동에 관해 이야기할 때 무슨 말을 하는지 즉시 이해할 수 있다. 하지만 워싱턴DC에 있는 사무실에서 지역 식품점의 관리자들과 다음 주에 있을 광고 전단에 대해 논의해야 한다면 완전히 당황할 것이다.

업무를 수행하기 위해 조직은 같은 종류의 조직과 동일하게 조직되고 운영되어야 한다. 예를 들어 우리는 일본 기업과 미국 기업의 경영이 다르다는 이야기를 많이 들었다. 하지만 일본 대기업은 미국 대기업과 매우 유사하게 움직인다. 독일이나 영국 대기업과도 상당히 비슷하다. 마찬가지로 병원이 어디에 있든 병원의 기능을 의심하는 사람은 없다. 학교나 대학, 노동조합이나 연구실, 박물관이나 오페라하우스, 천문 관측소나 농장도 마찬가지다.

각 조직은 업무에 의해 결정되는 가치 체계를 갖고 있다. 전 세계 모든 병원에서는 건강관리가 궁극적인 선이다. 모든 학교에서는 배움이 궁극적인 선이다. 모든 기업에서는 제품과 서비스의 생산 및 유통이 궁극적인 선이다. 높은 기대치를 맞추기 위해 조직의 사람들은 조직이 하는 일이 결국, 모두가 의존하는 지역사회와 사회에 공헌하는 일이라고 믿어야 한다.

따라서 조직 문화는 항상 지역사회를 초월한다. 조직 문화와 지역사회의 가치가 충돌할 때 조직은 승리해야 한다. 그렇지 않으면 사회적 공헌을 할 수가 없다. '지식에는 국경이 없다'는 말이 있다. 750여 년 전 처음 대학이 세워진 이후 '시민 측과 대학 측'은 항상 갈등했다. 하지만 조직의 성과를 내는 데 필요한 자율성과 지역사회의 주장, 조직의 가치와 지역사회의 가치, 조직의 결정과 지역사회의 이익 갈등은 조직 사회에 내재한다.

＊＊＊＊＊

사회적 책임 문제도 조직 사회에 내재한 문제다. 현대 조직은 상당한 사회적 권력을 갖고, 또 갖고 있어야 한다. 조직은 누구를 고용하고 누구를 해고하며 누구를 승진시킬지, 인사 결정을 내릴 힘이 필요하다. 결과를 얻기 위해 규칙과 규율을 정할 힘이 필요하다. 예를 들어 업무나 일을 배정하거나 근무 시간을 정하는 경우다. 또한 어디에 어떤 공장을 세울지 아니면 닫을지 결정할 힘도 필요하다. 가격을 정할 힘도 필요하다.

비(非)기업이 기업보다 더 큰 사회적 힘을 갖고 있다. 역사적으로 오늘날 대학이 가진 힘만큼, 큰 힘을 가진 조직은 없었다. 학생을 입학시키지 않거나 학생에게 학위를 주지 않는 일은 그 사람에게서 커리어와 기회를 빼앗는 것과 마찬가지다. 또한 병원에서 의사의 특권을 인정하지 않는 힘은 그 의사가 의술을 행하지 못하게 하는 힘이다. 노동조합원만 고용하는 사업장에서 도제를 허락하거나 고용을 관리하는 노조의 힘은 노조에 엄청난 사회적 힘을 부여한다.

조직의 힘은 정치적 힘으로 제한할 수 있다. 적법한 절차에 따라야 하고 법원의 검토를 받아야 한다. 하지만 이는 정치 권력이 아니라 개개 조직에서 실행해야 한다. 이것이 자본주의 이후의 사회가 조직의 사회적 책임에 대해 많이 이야기하는 이유다.

미국 경제학자이자 노벨상 수상자인 밀턴 프리드먼(Milton Friedman)이 말했듯이, 기업은 경제적 성과라는 책임만 갖는다는 주장은 헛되다. 경제적 성과는 기업의 첫 번째 책임이다. 실제로 자본 비용만큼도 수익을 내지 못하는 기업은 무책임하다. 사회의 자원을 낭비한 것이다. 경제적 성과가 없다면 좋은 고용주가 된다거나 좋은 시민, 좋은 이웃이 된다는 책임은 버릴 수밖에 없는 가장 기본적인 책임이다. 하지만 교육적 성과가 학교의 유일한 책임이 아니고, 건강관리가 병원의 유일한 책임이 아닌 것처럼 경제적 성과는 기업의 유일한 책임이 아니다.

힘이 책임과 균형을 이루지 못하면 그 힘은 독재가 된다. 책임이 없으면 힘은 항상 성과를 내지 못한다. 따라서 조직이 사회적 책임을 가져야 한다는 요구는 사라지지 않고 오히려 더 늘어날 것이다.

다행히 우리는 사회적 책임의 문제에 어떻게 답해야 할지를 대략적으로 알고 있다. 모든 조직은 직원, 환경, 고객, 관련된 모든 사람에게 미치는 영향에 완전한 책임을 져야 한다. 그것이 조직의 사회적 책임이다. 하지만 사회가 영리 기관이든 비영리 기관이든 큰 조직이 주요 사회 문제를 해결해줄 것이라는 기대가 점점 커지고 있다. 여기서 주의할 점이 있다. 선한 의도가 항상 사회적 책임은 아니라는 점이다. 조직이 주된 업무와 미션을 실행할 능력을 방해하거나, 권한이 없는 일을 하게 만드는 책임을 받아들이거나, 추구하는 것은 무책임한 것이다.

＊＊＊＊＊

조직은 일상 용어가 되었다. 누군가가 "우리 조직에서는 모든 것이 고객 중심이야" 혹은 "이 조직에서는 실수를 절대 잊지 않아"라고 말하면 모두가 고개를 끄덕인다. 모든 선진국의 사회적 업무는 이런저런 조직에 의해 실행된다. 하지만 제2차 세계대전이 끝날 때까지 아무도 '조직'을 이야기하지 않았다. 옥스퍼드 사전 1950년 판에는 이 용어를 현재 의미에 포함시키지 않았다. 제2차 세계대전 이후 경영이 등장했을 때에야 조직을 사회의 다른 기관과 구별된 다른 것으로 보게 되었는데, 나는 이를 '경영 혁명'이라고 부른다.

'지역사회', '사회', '가족'과 달리 조직은 목적을 갖고 계획되고 항상 전문화되어 있다. 공동체와 사회는 언어, 문화, 역사, 장소 등을 통해 구성원을 하나로 묶는 유대감으로 정의된다. 조직은 일에 의해 정의된다. 오케스트라는 환자를 치료하려 하지 않는다. 곡을 연주한다. 병원은 환자를 돌보지 베토벤을 연주하지 않는다.

실제로 조직은 한 가지 일에 집중할 때만 효과적이다. 다양화는 그것이 기업이든 노조든 학교든 병원이든 지역사회 서비스든 종교 시설이든 조직의 성과 역량을 방해한다. 공동체와 사회는 다차원적이어야 한다. 그들은 환경이다. 조직은 도구다. 다른 도구와 마찬가지로 전문화될수록 성과 역량은 더욱 커진다.

현대 조직은 전문 영역을 가진 전문가로 구성되기 때문에 조직의 미션은 아주 분명하다. 조직은 한 가지에 전념해야 하고, 그렇게 하지 않으면 구성원은 혼란스러워한다. 그들은 자신의 전문성을 공동 업무에 적용하는 대신 각자의 전문성을 따르게 된다. 개인이 자기 전문성에 비추어 '결과'를 정의하고 조직에 그 가치를 부여한다. 집중된 공동의 미션만이 조직을 하나로 묶고 생산할 수 있게 해준다. 미션이 없는 조직은 곧 신뢰를 잃고, 동시에 성과를 내는 데 필요한 사람을 끌어모으는 능력도 잃게 될 것이다.

관리자는 조직의 통합이 항상 자발적으로 이루어진다는 사실을 너무 쉽게 잊는다. 사실상 선택의 여지가 거의 없다. 하지만 가톨릭 신분이 여러 세기 동안 일부 유대인과 집시를 제외한 모든 유럽 국가에 의무적이었던 것과 마찬가지로, 조직원의 자격이 강제적이라 할지라도 자발적인 선택이라는 환상은 항상 조심스럽게 유지된다. 아이의 세례식에서 대부는 아이가 자격을 자발적으로 받아들인다는 서약을 한다.

마찬가지로 조직, 예를 들어 마피아나 일본 대기업, 예수회 같은 조직을 떠나기는 쉽지 않을 것이다. 하지만 떠나는 것은 항상 가능하다. 조직에 지식노동자가 늘어나면서 조직을 떠나 다른 곳으로 이동하는 일이 쉬워지고 있다. 따라서 조직은 가장 필수적인 자원, 즉 자격을 갖춘 지식노동자를 두고 경쟁한다.

✱✱✱✱✱

모든 조직은 일상적으로 '사람이 가장 큰 자산'이라고 이야기한다. 하지만 실제로 그렇게 실천하거나 믿는 사람은 없다. 대부분은 여전히 의식적으로는 아니더라도 19세기 기업이 믿었던 것처럼 기업이 사람을 필요로 하는 것보다 사람에게 기업이 필요하다고 믿는다. 하지만 조직은 제품과 서비스를 파는 것처럼 회사의 일원이 되는 자격도 팔아야 한다. 기업은 사람을 끌어모으고 유지하고 인정하고 보상하며 동기를 부여하고 만족시켜야 한다.

지식노동자와 조직의 관계는 적당한 용어를 아직 찾지 못한 완전히 새로운 현상이 되었다. 예를 들어 의미상 고용인은 돈을 받고 일하는 사람이다. 하지만 미국에서 가장 큰 '고용인' 단체는 비영리 기관에서 돈을 받지 않고, 일주일에 몇 시간씩 일하는 수백만 명의 자원봉사자들이다. 그들은 분명 '직원'이고, 자신도 직원이라고 생각하지만, 돈을 받지 않는 자원봉사자다. 마찬가지로 고용인으로 일하는 많은 사람이 법적으로 고용된 것이 아니다. 누군가를 위해서 일하는 것이 아니기 때문이다. 50~60년 전 이런 사람(대부분은 아니었지만 많은 수가 교육받은 전문가였다)을 '독립적'이라고 불렀고, 지금은 '자영업자'라고 부른다.

이런 차이(모든 언어에 존재한다)는 새로운 현실이 새로운 단어를 왜 요구하는지를 상기시켜 준다. 하지만 그 단어가 나타날 때까지 자본주의 이후 사회에서 고용인은 아마도 다음과 같이 정의될 것이다. '자신의 능력으로 기여할 수 있는가'가 '조직에 접근할 수 있는가'에 달려 있는 사람이다.

하도급업체에서 일하거나 허드렛일을 하는 고용인, 예를 들어 슈퍼마켓의 판매사원이나 병원의 청소부, 배달 트럭 운전자 같은 고용인에게는 이 새로운 정의는 별로 중요하지 않다. 실제적인 목적에서 그들의 위치는 과거의 품삯을 받고 일하는 '노동자'의 위치와 크게 다르지 않다. 사실 이것이 바로 현대 사회가 마주하고 있는 중요한 사회 문제 중 하나다.

전체 고용인의 30~40퍼센트를 차지하는 지식노동자와 조직의 관계는 자원봉사자와 조직의 관계만큼이나 크게 달라졌다. 그들은 조직이 있으므로 일할 수 있고, 따라서 의존적이다. 동시에 그들은 '생산의 수단'인 지식을 갖고 있다. 그런 점에서 그들은 독립적이고 이동성이 높다.

지식노동자는 여전히 생산 도구가 필요하다. 지식노동자라는 도구에 대한 자본 투자는 이미 제조업 노동자라는 도구에의 투자보다 더 많을 것이다. (예를 들어 사회적 투자, 지식노동자의 교육에 대한 투자는 육체노동자의 교육에 대한 투자보다 몇 배 더 많다.) 하지만 이런 자본 투자는 지식노동자가 자신의 지식을 이용할 때까지 생산적으로 되지 못한다. 공장의 기계 조작원은 시키는 대로 일한다. 무엇을 어떻게 할지는 기계가 결정한다. 지식노동자도 컴퓨터, 초음파 분석기, 망원경 같은 기계가 필요할 수 있다. 하지만 기계는 지식노동자에게 어떻게 할지는 물론이고, 무엇을 할지도 이야기하지 않는다. 지식노동자가 가진 지식이 없다면, 기계는 생산하지 못한다.

기계 조작원은 역사상 모든 노동자와 마찬가지로 무엇을 어떻게 해야 할지, 얼마나 빨리해야 할지를 지시받는다. 지식노동자는 효과적으로 감독할 수 없다. 조직에서 다른 사람보다 전문지식이 많지 않은 한 그들은 기본적으로 쓸모없다. 마케팅 관리자는 시장 연구원에게 새로운 제품 디자인에 관해 회사가 무엇을 알아야 하는지, 그리고 시장에서 어떤 위치를 선점해야 하는지를 말해줄 수 있다. 하지만 회사의 사장에게 시장 연구에 무엇이 필요하고, 어떻게 실행할 것이며, 결과가 무엇을 의미하는지를 이야기하는 것은 시장 연구원의 일이다.

1980년대 미국 기업의 비극적인 구조조정 기간에 수천 명의 지식노동자가 일자리를 잃었다. 그들이 다니던 회사는 인수되거나 합병되거나 분사로 쪼개지거나 청산되었다. 몇 달 후 그들 대부분은 자기 지식을 사용할 수 있는 새로운 일자리를 찾았다. 변화의 시기는 고통스러웠고, 절반의 경우 새로운 일자리는 이전만큼 보수가 좋지 않았으며, 그리 즐겁지도 않았다. 하지만 해고된 기술자, 전문가, 관리자는 지식이라는 '자본'을 갖고 있다는 사실을 알았다. 그들은 생산의 수단을 갖고 있었다. 조직은 생산 도구를 갖고 있었고, 그 둘은 서로를 필요로 했다.

현대사회의 새로운 긴장 요인인 이 새로운 관계의 결과 중 하나는 돈으로 충성심을 사지 못한다는 것이다. 조직은 지식노동자에게 그들의 지식을 일에 활용할 특별한 기회를 제공한다는 사실을 증명해야만 지식노동자의 충성심을 얻을 수 있다. '노동자'라고 말했던 것이 그리 오래전도 아니다. 하지만 이제는 '인적 자원'이라고 이야기한다. 이런 변화는 조직에 어떤 기여를 할 것인지, 지식을 바탕으로 얼마만큼의 수익을 낼 것인지를 주로 결정하는 것이 개인, 특히 기술이 있거나 지식을 갖춘 고용인이라는 사실을 상기시켜 준다.

**\* \* \* \* \***

현대 조직은 지식 전문가로 구성되어 있으므로, 서로 동등한 조직 구조가 형성되어야 한다. 어떤 지식이 다른 지식보다 더 우월하다고 볼 수 없다. 각각은 고유한 우수함이나 열등함이 아니라 업무에 얼마나 기여하는가에 따라 평가되어야 한다. 따라서 현대 조직은 상사와 부하의 조직이 될 수 없다. 팀으로 조직되어야 한다.

세 종류의 팀이 있다. 하나는 테니스 복식처럼 함께 일하는 팀이다. 그런 팀에서는(규모가 작아야 한다) 각 구성원이 다른 구성원의 성격과 기술, 강점과 약점에 익숙해져야 한다. 두 번째는 유럽 축구팀 같은 팀이다. 각 선수는 정해진 포지션이 있다. 전체 팀이 (골키퍼를 제외하고) 함께 움직이면서 개개인은 자신의 위치를 유지한다. 마지막은 미국 야구팀이나 오케스트라 같은 팀이다. 모든 구성원이 정해진 위치가 있다.

조직은 한 종류의 팀만 될 수 있다. 주어진 업무를 위해 한 종류의 팀으로만 일할 수는 있다. 어느 팀으로 일할 것인지가 조직이 내려야 할 가장 위험한 결정 중 하나다. 한 종류의 팀에서 다른 팀으로 바꾸는 것만큼 어려운 일은 없다.

전통적으로 미국 산업은 새로운 제품과 모델을 만들어내는 데 야구팀 스타일을 활용했다. 연구팀이 일해서 엔지니어에게 넘긴다. 엔지니어는 일해서 제조업자에게 넘긴다. 제조업자는 일해서 마케팅팀에 넘긴다. 회계 팀은 보통 제조 단계에서 개입한다. 인사팀은 일반적으로 진짜 위기일 때만 개입한다.

일본은 신제품 개발팀을 축구팀처럼 운영했다. 그 팀의 구성원은 각자 자기 일을 하지만 처음부터 함께 일한다. 말하자면 축구팀이 공을 쫓아 움직이는 것처럼 업무를 찾아 움직인다. 이런 방법을 익히는 데 적어도 15년이 걸렸다. 새로운 개념에 익숙해진 후 일본인들은 개발 시간을 30퍼센트 줄였다. 과거에는 새로운 자동차 모델을 만드는 데 5년이 걸렸지만, 이제 도요타, 닛산, 혼다는 18개월이면 새로운 모델을 출시한다. 이런 방식과 품질 관리를 통해 일본은 미국이나 유럽의 자동차 시장에서 우위를 점하게 되었다.

미국의 일부 제조업체는 일본처럼 개발 업무를 재조직하려고 노력했다. 예를 들어 포드자동차는 1980년대 초반부터 시작했다. 십 년 후인 1990년대 초 포드는 상당한 진전을 이루었지만, 일본을 따라잡기에는 역부족이었다. 팀을 바꾸는 일은 생각할 수 있는 가장 어려운 학습을 필요로 한다. 배운 것을 일부러 버려야 하는 것이다. 이를 위해서는 어렵게 습득한 기술과 일생의 습관, 공예가와 전문가의 소중한 가치, 가장 어려울 수 있는 오래되고 소중한 인간 관계를 포기해야 한다. 사람들이 항상 '우리 공동체' 혹은 '우리 가족'이라고 애정하는 관계를 버려야 한다.

하지만 조직이 성과를 내려면 팀으로 움직여야 한다. 현대 조직이 19세기 말 처음 등장했을 때는 군대가 유일한 모델이었다. 1920년대에 헨리 포드의 조립라인이 경이로웠던 것처럼 1870년대에 프로이센 군대는 조직의 관점에서 경이로운 것이었다. 1870년의 군대에서 각 구성원은 거의 같은 일을 했고, 지식을 가진 사람은 극소수였다. 군대는 명령과 통제를 바탕으로 조직되고 기업과 다른 기관도 그 모델을 본받았다. 하지만 그런 모습이 빠르게 바뀌고 있다. 더 많은 조직이 정보를 기반에 두고, 자신을 축구팀이나 테니스팀, 즉 모든 구성원이 책임감 있는 의사결정자로 행동하는 조직이 되었다. 다시 말해 모든 구성원이 자신을 '경영진'으로 보게 된 것이다.

그럼에도 불구하고 조직은 경영되어야 한다. 경영은 미국 교외의 학교에 있는 학부모회처럼 간헐적이고 형식적일 수 있다. 아니면 군대나 기업, 노조, 대학에서처럼 전업으로 해야 하고, 상당히 많은 사람을 관리해야 하는 힘든 일일 수도 있다. 하지만 결정을 내리는 사람이 없으면 아무 일도 할 수 없다. 조직의 미션, 정신, 성과, 결과를 책임질 사람이 있어야 한다. 사회, 공동체, 가족에 '리더'는 있을 수 있지만, 조직에는 '경영진'이 있다. 이런 경영진이 상당한 권한을 가져야 하지만 현대 조직에서 그들의 일은 명령을 내리는 것이 아니라 격려하는 것이다.

\* \* \* \* \*

조직 사회는 인류 역사에서 전례가 없다. 조직 구성원 각자가 하나의 특정 업무에 맞춘 전문화된 도구고, 각각은 조직과 지식의 효율적 사용에 기반을 두고 있다는 이유로 성과 역량 측면에서 전례가 없다. 구조적 갈등 측면에서도 전례가 없다. 물론 모든 갈등과 문제가 심각한 것은 아니다. 사실 사회적 책임 같은 일부 문제에 대해서는 이미 해결책을 알고 있다. 하지만 정답을 알지 못하는 영역이 있고, 적절한 질문을 하지 못한 영역도 있다.

예를 들어 지속성과 안전을 원하는 지역사회와 혁신과 불안정을 원하는 조직 간의 갈등이 있다. '지식인'과 '관리자' 사이의 분열이 있다. 둘은 모두 필요하다. 지식인은 지식을 생산하기 위해, 관리자는 지식을 적용해 생산적으로 만드는 데 필요하다. 하지만 지식인은 말과 아이디어에 초점을 맞추고 관리자는 사람과 일, 성과에 초점을 맞춘다. 지식에서 지식으로의 이동이라는 매우 세밀한 전문화는 (지식기반) 조직 사회의 근본을 위협한다. 하지만 가장 크고 어려운 도전은 새로운 다원주의가 유발한 과제다.

600년 이상 우리가 사는 사회만큼 힘의 중심이 많은 사회는 없었다. 중세 시대에도 다원주의가 있었다. 사회는 수백 개의 경쟁적이고 자발적인 힘의 중심, 즉 봉건 영주와 기사, 주교 담당 지역, 자치권을 가진 수도원, '자유로운' 도시들로 구성되었다. 오스트리아

티롤 지방같이, 어떤 지역에는 황제에게만 복종하는 '자유로운 소작농'도 있었다. 또한 자율적인 수공업 조합과 한자동맹 같은 초국가적 무역 연맹, 피렌체의 투자은행, 세리, 입법권과 세금을 올릴 힘을 가진 지역 '의회', 고용할 수 있는 사병도 있었다.

유럽의 현대 역사(그리고 일본의 역사)는 처음에는 '왕'으로 불렸고, 그 후에는 '국가'라고 불린 중앙 권력이 통제하는 경쟁적인 힘들의 역사였다. 19세기 중반 종교와 교육 면에서 매우 다원화된 미국을 제외한 모든 선진국에서는 통일 국가가 승리했다. 실제로 다원주의의 폐지는 600년 동안 '진보적인' 대의였다.

국가의 승리가 확실해 보였던 그때, 최초로 새로운 조직이 등장했다(이는 '역사의 끝'이 선언될 때 항상 일어난다). 바로 대기업이었다. 그후 새로운 조직이 하나둘 생겨났다. 유럽에서 중앙 정부의 통제하에 안전하게 유지된 대학 같은 오래된 조직이 다시 자율권을 얻었다. 역설적이게도 20세기 전체주의, 특히 공산주의는 과거의 진보적 신념을 지키려는 마지막 필사적인 노력을 대표한다. 공산주의는 힘의 중심이 하나밖에 없고 경쟁적이고 자율적인 여러 조직이 아니라 하나의 조직만 인정했다.

그런 노력은 실패했다. 중앙 권력의 실패는 그 자체로 다원주의 사회에서 발생하는 문제를 해결하지 못했다. 예를 들어 많은 사람이 들어본, 좀 더 정확하게는 잘못 알고 있는 이야기를 살펴보자.

찰스 윌슨(Charles E. Wilson)은 대통령이자 당시 세계에서 가장 크고 성공적인 제조업체인 GM의 최고 경영자로, 그리고 아이젠하위 정부의 국방부 장관으로 유명하다. 윌슨은 오늘날 자신이 하지 않은 말로 기억된다. "GM에 좋은 것이 미국에도 좋은 것이다." 윌슨이 1953년 국방부 인사청문회에서 실제 한 말은 "미국에 좋은 것이 GM에도 좋은 것이다"였다.

윌슨은 잘못 인용된 말을 바로잡으려 노력했다. 하지만 아무도 그의 말을 듣지 않았다. 모두가 "그가 그 말을 하지 않았을지는 모르지만 그렇게 믿었을 것이다. 실제로 그는 그렇게 믿어야 했다"라고 주장했다. 기업이든 대학이든 병원이든 보이스카우트든, 조직의 경영진은 조직의 미션과 임무가 사회의 가장 중요한 미션이자 임무이고 모든 것의 토대라고 믿어야 한다. 그렇지 않으면 조직은 곧 스스로에 대한 믿음, 자신감, 신뢰, 성과 역량을 잃어버릴 것이다.

선진국의 특징이자 선진국에 강력한 힘을 제공하는 다양성은 산업혁명 이후, 특히 지난 50년간 우리가 발전시켜 온 전문화되고 하나의 업무에 집중하는 조직 덕분에 가능했다. 하지만 조직은 자체의 자율성과 전문성, 그리고 사회와 공동체에 의해서가 아니라 자체의 작은 미션과 비전, 가치 덕분에 성과를 낸다.

우리는 오래된, 아직 풀지 못한 다원주의 문제로 되돌아가야 한다. 누가 공공선을 책임지는가? 누가 공공선을 정의하는가? 누가 사회 기관들의 서로 다른 경쟁적인 목표와 가치 사이에서 균형을 잡는가? 누가 절충안을 결정하고, 어떤 근거로 그런 결정을 내리는가?

중세 봉건주의는 이런 질문에 답할 수 없었으므로 통일된 주권국가로 대체되었다. 하지만 통일된 주권국가는 사회의 요구를 만족시키지 못하고 지역사회에 필요한 업무를 수행하지 못하기 때문에 이제 새로운 다원주의, 즉 정치적 힘이 아니라 기능적 다원주의로 대체되고 있다. 이것이 사회주의의 실패에서 배워야 할 가장 근본적인 교훈이다. 모든 것을 포용하고 무소불위의 힘을 갖는 국가에 대한 믿음의 실패다. 우리가 지금 마주한 도전 과제, 특히 미국 같은 자유시장 민주주의 국가가 마주한 과제는 자율적이고 지식을 바탕으로 하는 많은 조직이 다시 경제적 성과를 내고, 정치 사회적으로 응집할 수 있게 만드는 것이다.


(초판 1992년 9~10월 발행, 재인쇄)

# 핵심 포인트

큰 공기업에서 작은 비영리 기관에 이르는 모든 조직의 관리자는 똑같은 불안 요소를 마주하고 있다. 변화를 조직의 구조에 맞춰 넣어야 한다는 것이다. 이는 조직이 해온 모든 것을 폐기할 준비가 되었음을 의미한다. 한편으로 계속해서 새로운 것을 창조해야 함을 의미한다. 이 폐기와 창조의 과정이 멈추지 않고 지속되지 않는 한, 조직은 머지않아 시대에 뒤떨어질 것이다. 성과가 줄면서 성과를 내야 할 사람을 모으고 유지할 능력을 잃게 될 것이다.

이런 불안 요인은 조직 자체의 특성에서 초래된다. 모든 조직은 지식을 일에 활용하지만, 지식은 빠르게 변한다. 오늘 확신한 일이 내일은 어리석은 일이 된다. 그래서 지식을 가진 사람은 몇 년마다 새로운 지식을 습득해야 하고, 그렇지 못하면 '시대에 뒤떨어지게' 된다.

'조직'이라는 단어는 익숙하지만, 우리는 사회의 기본 단위가 불안정해지는 세상에서 산다는 의미를 이제야 이해하기 시작했다. 이런 이유로 사회적 책임에 관한 질문이 여러 곳에서 자주 발생한다. 우리는 조직과 돈을 받지 않고 일하는 자원봉사자일 수도 있고, 독립적인 전문가일 수도 있으며, 언제든 이동할 수 있는 지식 전문가일 수도 있는 조직원들 간의 관계를 이해하는 새로운 방식이 필요하다.

600년 이상 동안, 어떤 사회도 우리가 사는 세상만큼 많은 중심이 경쟁하는 때는 없었다. 드러커는 변화가 왜 조직의 생명에서 유일하게 변하지 않는 요소(constant)인지 설명하고, 관리자와 개인, 사회 전반에 어떤 의미가 있는지를 탐구한다.

10장

자기경영

피터 드러커의 경영을 읽다

· · ·

나폴레옹, 다빈치, 모차르트처럼 역사상 위대한 업적을 남긴 사람들은 항상 자신을 관리했다. 물론 그들은 재능이나 업적 면에서 일반적인 인간의 경계를 넘어설 만큼 아주 드문 예외자들이다. 이제 우리는 (우리 중 약간의 재능을 가진 사람들도) 자기 관리하는 법을 배워야 한다. 자신을 발전시키는 법을 배워야 한다. 자신이 가장 크게 기여할 수 있는 곳에 자신을 데려가야 한다. 일하는 50년 동안 정신을 똑바로 차리고 열심히 살아야 한다. 이는 우리가 하는 일을 언제 어떻게 바꾸어야 할지 알아야 한다는 것을 의미한다.

## 나의 강점은 무엇인가?

사람들은 대부분 자신이 무엇을 잘하는지 안다고 생각한다. 보통 틀린 생각이다. 자신이 무엇을 못 하는지 안다고 생각하는 사람도 있는데, 그들도 틀렸다고 봐야 한다. 사람은 강점을 통해서만 성과를 낼 수 있다. 할 수 없는 일은 말할 것도 없고, 약점으로 성과를 내는 사람은 없다.

역사적으로 사람들은 자신의 강점을 알 필요가 별로 없었다. 태어나면서부터 지위와 할 일이 정해져 있었다. 소작농의 아들은 소작농이 되었고, 장인의 딸은 장인에게 시집갔다. 하지만 현대인들은 선택권을 갖고 있다. 자신이 어디에 속하는지 알기 위해 자신의 강점을 알아야 한다.

강점을 발견하는 유일한 방법은 피드백 분석이다. 중요한 결정을 내리거나 중요한 행동을 할 때마다 어떤 일이 일어날지 예상하는 바를 적는다. 그리고 9~12개월 후에 실제 결과와 예상했던 바를 비교한다. 나는 지금까지 15~20년 동안 이 방법을 실천했고, 실천할 때마다 놀란다. 예를 들어 피드백 분석을 통해, 나는 내가 엔지니어든 회계사든 시장 연구원이든 기술적인 사람들을 직관적으로 이해한다는 사실을 알게 되었다. 또한 박학다식한 사람과는 잘 맞지 않는다는 사실도 알게 되었다.

피드백 분석은 절대로 새로운 것이 아니다. 14세기 즈음 한 무명의 독일 신학자가 개발하여, 150년 후 존 칼뱅(John Calvin)과 이그나티우스 로욜라(Ignatius of Loyola)에 의해 받아들여졌는데, 이들은 피드백 분석을 자신을 따르는 사람들이 실천해야 할 일과 연결시켰다. 실제로 이 습관이 가져온 성과와 결과에 꾸준히 집중하면,

왜 이 두 사람이 세운 칼뱅 교회와 예수회가 30년간 유럽에서 지배적이었는지를 알 수 있다.

피드백 분석을 지속적으로 실천하면 상당히 짧은 기간 내, 아마도 2~3년 이내에 알아야 할 가장 중요한 자신의 강점이 무엇인지를 알 수 있다. 피드백 분석은 강점이 가져올 혜택을 방해하는 행동이 무엇인지 알려준다. 어느 부분에서 특히 경쟁력이 떨어지는지도 보여준다. 마지막으로 강점이 전혀 없어 성과를 내지 못할 부분이 무엇인지도 알려준다.

피드백 분석 후에는 몇 가지 행동이 필요하다. 가장 중요한 첫 번째 행동은 강점에 집중하는 것이다. 자신의 강점으로 결과를 낼 수 있는 곳에 자신을 데려가야 한다.

두 번째 행동은 강점을 개선하는 것이다. 분석을 통해 어느 점을 개선하고 어떤 새로운 강점을 획득해야 할지 알게 될 것이다. 또한 어떤 지식이 부족한지도 보여주는데, 이는 보통 채울 수 있는 지식이다. 수학자는 타고나지만, 누구나 삼각법을 배울 수 있다.

세 번째 행동은 지적 오만함이 어느 부분에서 무지를 초래하는지 찾아내고 극복하는 것이다. 너무나 많은 사람, 특히 한 분야에 상당한 전문지식을 가진 사람들은 다른 영역의 지식을 경멸하거나 똑똑한 것이 지식을 대체할 수 있다고 믿는다. 예를 들어 최고의 엔지니어는 사람에 대해 전혀 모르는 것을 자랑스러워하는 경향이 있다. 그들은 엔지니어의 입장에서 보면 인간이 훨씬 더 무질서하다고 믿는다. 반대로 인사부 전문가는 기본적인 회계나 정량적 방법을 모르는 것을 자랑스러워한다. 하지만 그런 무지를 자랑스러워하는 것은 자멸로 이어진다. 강점을 정확히 깨닫는 데 필요한 기술과 지식을 획득해야 한다.

효과와 성과를 방해하는 나쁜 습관을 고치는 것도 매우 중요하다. 그런 습관은 피드백에서 금방 드러난다. 예를 들어 계획을 세우는 사람은 자신의 멋진 계획을 끝까지 따라가지 못하기 때문에 실패한다는 사실을 알게 된다. 똑똑한 사람들처럼 그는 아이디어가 산을 움직일 수 있다고 믿는다. 하지만 산을 움직이는 것은 불도저고, 아이디어는 불도저를 어디에 사용할지를 보여줄 뿐이다. 계획을 세우는 사람은 계획이 완성될 때 일이 끝나는 것이 아니라는 사실을 알아야 한다. 계획을 실행에 옮기는 것은 사람이기 때문에, 실행할 사람에게 계획을 설명해야 한다는 사실을 알아야 한다. 실행에 옮길 때는 그 사람에게 맞게 계획을 수정해야 한다. 또한 언제 계획을 중단할지도 결정해야 한다.

동시에 피드백은 언제 예의가 부족해 문제가 발생하는지를 보여준다. 예의는 조직의 윤활유다. 예의는 두 명의 움직이는 물체가 서로 접촉해 마찰을 일으키는 자연법칙이다. 이는 무생물뿐 아니라 인간에게도 적용된다. 예의, 즉 '부탁합니다', '감사합니다'라고 말하는 행동이 (두 사람이 서로를 좋아하건 싫어하건 간에) 함께 일할 수 있게 해준다. 똑똑한 사람, 특히 똑똑한 젊은이들은 종종 이를 이해하지 못한다. 그전까지 성공적이었던 일이 다른 사람의 도움이 필요해지자마자 계속 실패한다면, 이는 공손함의 부족, 즉 예의의 부재를 의미한다.

기대치를 결과와 비교하는 것도 무엇을 하지 말아야 하는지를 알려준다. 재능이나 기술이 전혀 없거나 중간이라도 할 기회가 거의 없는 영역이 상당하다. 그런 영역에서 사람, 특히 지식노동자는 일이나 업무, 과제를 맡지 말아야 한다. 가능하면 경쟁력이 없는 영역을 개선하려고 노력을 낭비하지 말아야 한다. 잘하는 것에서 뛰어나게 되는 것보다 무능함을 보통 수준으로 만드는 데 더 많은 에너지와 노력이 필요하다. 하지만 대부분은, 특히 선생님이나 조직은 무능한 사람을 보통 수준으로 만드는 데 집중한다. 에너지, 자원, 시간은 재능 있는 사람을 뛰어난 사람으로 만드는 데 쓰여야 한다.

## 나는 어떻게 성과를 내는가?

일하는 방법을 아는 사람은 놀랄 만큼 적다. 실제로 대부분은 사람들이 다른 식으로 일하고, 성과를 낸다는 사실을 알지 못한다. 너무 많은 사람이 자신에게 맞지 않는 방식으로 일하면서 성과를 내지 못한다. 지식노동자에게는 '나는 어떻게 성과를 내는가?'가 아마도 '나의 강점은 무엇인가?'보다 더 중요할 것이다.

강점과 마찬가지로 일하는 방식도 고유한데, 이는 성격과 관련이 있다. 타고나든 습득하든 성격은 일터에 가기 훨씬 전에 형성된다. 그래서 무엇을 잘하고 못 하는지가 정해져 있는 것처럼 *어떻게*

성과를 내는지도 정해져 있다. 일하는 방식이 약간은 바뀔 수 있지만 완전히 변할 수는 없고, 바꾸는 게 쉽지도 않다. 자신이 잘하는 일을 해서 결과를 만들듯, 자신이 가장 잘하는 방식으로 일해서 결과를 얻는다. 몇 가지 일반적인 성격적 특성은 사람들이 일하는 방식을 결정한다.

## 나는 읽는 사람인가, 듣는 사람인가?

첫 번째로 자신이 읽는 사람인지, 듣는 사람인지 알아야 한다. 그런 구분이 있다는 사실이나, 둘 다일 수 없다는 사실을 아는 사람은 거의 없다. 그리고 자신이 어디에 속하는지는 더욱 모른다. 다음 몇 가지 예를 살펴보면, 자신이 어디에 속하는지 알지 못하는 것이 얼마나 커리어에 피해를 주는지 알게 될 것이다.

유럽에서 연합군 총사령관이었을 때 드와이트 아이젠하워 (Dwight Eisenhower)는 언론의 사랑을 받았다. 기자회견에서 그는 어떤 질문을 받아도 완벽히 대답했고 아주 세련된 두세 문장 정도로 상황과 정책을 설명했다. 십 년 후 그를 칭송하던 기자들이 공개적으로 아이젠하워 대통령을 비난했다. 그들은 그가 질문에 답하지 못하고 관련 없는 일에 대해서만 계속 횡설수설한다고 불평했다. 아이젠하워가 비논리적이고 문법적으로 틀린 말로 영어를 망치고 있다고 조롱했다.

아이젠하워는 분명 자신이 듣는 사람이 아니라 읽는 사람이라는 사실을 몰랐을 것이다. 그가 유럽 총사령관이었을 때는 부하들이 언론의 모든 질문을 기자회견 30분 전에 글로 작성해주었다. 그 때는 완전한 통제력을 갖고 있었다. 대통령이 되었을 때 그는 프랭클린 루스벨트와 해리 트루먼이라는 두 명의 듣는 사람의 뒤를 이었다. 그들은 자신이 듣는 사람이라는 사실을 알았고, 자유로운 기자회견을 즐겼다. 아이젠하워는 전임자들의 방식을 따라야 한다고 느꼈을 것이다. 그 결과, 그는 기자들이 하는 질문을 듣지 못했다. 그는 듣지 못하는 사람 중에서도 정도가 심한 사람이었다.

몇 년 후 린든 존슨(Lyndon Johnson)도 자신이 듣는 사람이라는 사실을 몰라 대통령직을 망쳤다. 읽는 사람이었던 그의 전임자 존 케네디(John Kennedy)는 똑똑한 사람들을 부관으로 모아 그들에게 메모를 담당시키고, 그 내용에 대해 그들과 토론했다. 존슨도 부관들과 함께 일했고, 그들은 계속 메모를 작성했다. 하지만 존슨은 그들이 쓴 단어를 하나도 이해하지 못했다. 존슨도 상원의원이었을 때는 매우 뛰어난 사람이었다. 국회의원은 듣는 사람이어야 한다.

듣는 사람은 만들어질 수 없고, 듣는 사람이 읽는 사람이 될 수도 없다. 반대도 마찬가지다. 읽는 사람이 되려고 노력하는 듣는 사람은 존슨처럼 어려움을 겪을 것이고, 듣는 사람이 되려고 노력하는 읽는 사람도 아이젠하워처럼 어려움을 겪을 것이다. 그런 사람들은 일하면서 성과를 올리지 못한다.

### 나는 어떻게 배우는가?

두 번째로는 어떻게 배우는지를 알아야 한다. 쓰는 사람들(윈스턴 처칠이 그중 한 명이다)은 학교 성적이 좋지 못하다. 그들은 학창시절을 순전히 고통스럽게 기억한다. 그들처럼 학창시절을 고통스럽게 기억하는 동창은 거의 없다. 친구들도 학교를 그렇게 좋아하지는 않았겠지만, 최악의 상황은 지루함 정도였을 것이다. 쓰는 사람은 듣고 읽는 방법으로 배우지 않는다. 쓰면서 배운다. 하지만 학교에서는 그런 방식을 인정하지 않기 때문에 그들은 좋은 성적을 받지 못한다.

모든 학교는 올바른 배움의 방법은 한 가지고, 모두에게 똑같이 적용된다는 가정을 바탕으로 조직된다. 하지만 학교가 가르치는 방식으로 배우는 것은 다른 방식으로 배우는 학생에게는 완전히 지옥이나 마찬가지다. 실제로 인간이 배우는 방식은 여러 가지다.

처칠처럼 쓰면서 배우는 사람이 있다. 어떤 사람은 필기하면서 배운다. 예를 들어 베토벤은 엄청난 양의 노트를 남겼지만, 작곡하면서 그 노트를 실제로 보지 않았다고 한다. 노트를 왜 가지고 있었는지 묻자 베토벤은 "바로 쓰지 않으면 금방 잊어버린다. 노트에 써놓으면 절대로 잊어버리지 않으니 다시 볼 필요가 없다"라고 답했다. 실제로 몸으로 배우는 사람도 있고, 말하면서 배우는 사람도 있다.

중소기업을 업계 선두로 만든 최고 경영자는 말하면서 배우는 사람이었다. 그는 일주일에 한 번씩 임원들을 사무실로 불러 두세 시간씩 이야기했다. 정책 관련 문제를 제기하고, 각각에 대해 세 가지 다른 입장을 주장했다. 참석한 사람들에게 말을 시키거나 질문할 기회는 거의 주지 않았다. 그냥 자신의 말을 들어줄 청중이 필요했다. 그는 말하면서 배웠다. 물론 상당히 심한 경우이긴 하지만, 말하면서 배우는 것은 그리 특별한 방법이 아니다. 성공적인 법정 변호사나 진찰 전문 의사도 같은 방식으로 배운다. (나도 그렇다.)

배우는 방식을 살펴보면 나 자신을 가장 쉽게 이해할 수 있다. 사람들에게 '어떻게 배웁니까?'라고 물으면 대부분은 답을 알고 있다. 하지만 '그 방식에 따라 행동하나요?'라고 물으면, 그렇다고 답하는 사람이 거의 없다. 그 방식에 따라 행동하는 것은 성과를 내는 데 중요하다. 그렇게 행동하지 않으면 성과를 내지 못한다.

나는 읽는 사람인가, 듣는 사람인가? 그리고 어떻게 배우는가? 이것이 첫 번째로 던져야 할 질문이다. 그 질문만 있는 것은 아니다. 자신을 효과적으로 경영하려면 이 질문도 던져야 한다. 나는 다른 사람과 함께 일을 잘하는가, 아니면 혼자 일하는 사람인가? 다른 사람과 함께 일을 잘한다면, 어떤 관계에서 잘하는가?

아랫사람일 때 일을 가장 잘하는 사람이 있다. 제2차 세계대전에서 미국의 군사 영웅인 조지 패튼(George Patton) 장군이 그 예다. 패튼은 미국의 최고 지휘관이었다. 하지만 그에게 독립적인 지휘를 맡기자는 제안이 나왔을 때, 참모총장이던 조지 마셜은 (아마도 미국 역사상 가장 사람을 잘 뽑았을 것이다) "패튼은 미군에서 가장 좋은 부하다. 하지만 지휘관으로서는 최악일 것이다"라고 말했다.

팀의 구성원으로 일을 가장 잘하는 사람도 있다. 혼자서 가장 잘하는 사람도 있다. 코치나 멘토로 특별한 재능을 가진 사람도 있지만, 멘토로서는 형편없는 사람도 있다.

또 하나의 중요한 질문은 이것이다. 의사결정자로서 결과를 만들어내는가, 아니면 조언자로 결과를 만들어내는가? 많은 사람이 조언자로서는 최고의 성과를 내지만, 의사결정 내리는 것은 부담스러워서 한다. 반대로 생각하면 조언자가 필요한 사람도 상당하다. 그런 사람들은 의사결정을 빠르게, 자신 있게, 용기 있게 내리고 그에 따라 행동한다.

이런 이유로 조직의 이인자가 일인자가 되면 실패하는 경우가 종종 있다. 최고의 자리에 있는 자는 의사결정을 내려야 한다. 강력한 의사결정자는 조언자로서 자신이 신뢰하는 사람을 이인자 자리에 앉힌다. 그 자리에서 이인자는 두각을 보인다. 하지만 그 사람이 일인자의 자리에 앉으면 실패한다. 그 사람도 어떤 결정을 내려야 할지 알지만, 그에 따르는 책임을 받아들이지 못하는 것이다.

다음의 질문도 중요하다. 스트레스가 있을 때 일을 잘하는가, 아니면 구조화되고 예측 가능한 환경이 필요한가? 큰 조직에서 일을 가장 잘하는가, 아니면 작은 조직에서 잘하는가? 모든 환경에서 일을 잘하는 사람은 거의 없다. 나는 큰 조직에서는 매우 성공을 거두었지만, 작은 조직으로 옮긴 후 불쌍할 정도로 허둥대는 사람을 여럿 보았다. 반대의 경우도 마찬가지다.

결론적으로 다음을 고려해야 한다. 자신을 바꾸려고 노력하지 말아야 한다. 그러면 성공하지 못할 것이다. 그 대신 일하는 방식을 개선하려고 노력해야 한다. 하지 못할 일이나 해도 잘하지 못할 일을 맡지 말아야 한다.

## 나의 가치는 무엇인가?

자신을 경영하기 위해서는 마지막으로 '내 가치는 무엇인가?'라는 질문을 던져야 한다. 이는 윤리의 문제가 아니다. 윤리에 관해서는 모두에게 똑같은 원칙이 적용되고, 그것을 시험하는 방법도 간단하다. 나는 그 방법을 '거울 테스트'라고 부른다.

20세기 초, 전 세계 강대국에서 가장 존경받는 외교관은 영국 주재 독일 대사였다. 그는 중요한 일을 할 운명이었다. 연방 총리는 아니더라도 적어도 외교부 장관 정도는 할 사람이었다. 하지만 그는 1906년에 에드워드 7세의 외교단이 주최한 만찬을 주재하지 않고 갑자기 사임했다. 왕은 악명 높은 여성 편력가였고, 자신이 어떤 만찬을 원하는지 확실히 얘기했다. 대사는 "나는 아침에 일어나 거울을 보는데 매춘부의 얼굴이 거울에 비치는 걸 원치 않는다"라고 말했다.

이것이 거울 테스트다. 윤리는 '아침에 거울에서 어떤 사람을 보고 싶은가?'라는 질문을 하도록 요구한다. 한 조직이나 상황에서 윤리적인 행동은 다른 곳에서도 윤리적인 행동이다. 하지만 윤리는 가치 체계, 특히 조직의 가치 체계의 일부일 뿐이다.

가치 체계를 받아들일 수 없거나 자신의 가치와 맞지 않는 조직에서 일하는 것은 스스로를 좌절하게 만들고 성과를 내지 못하게 한다.

더 큰 조직에 합병된 한 회사의 성공적인 인사부 임원의 경험을 살펴보자. 합병 후 그녀는 가장 일을 잘할 수 있는 직급으로 승진했고, 그 일에는 중요한 자리의 사람을 뽑는 일도 포함되어 있었다. 그녀는 내부의 모든 가능성을 고려한 후, 외부 사람을 고려해야 한다고 생각했다. 하지만 새 회사는 '새로운 피를 수혈하기 위해' 먼저 외부에서 사람을 찾아야 한다고 생각했다. 두 방법 모두 일리 있다. 개인적으로 최선의 방법은 둘을 적절히 섞어서 사용하는 것이라 생각한다. 하지만 두 방법은 정책 면에서가 아니라 가치 면에서 근본적으로 양립할 수 없었다. 조직과 사람 간의 관계에 다른 관점을 갖고 있었기 때문이다. 사람과 그들의 발전에 대한 조직의 책임과 개인이 기업에 가져올 가장 중요한 기여에 있어 서로 다른 시각을 갖고 있었던 것이다. 몇 년 동안 힘들어하다 그녀는 상당한 금전적 손해를 보고 회사를 그만두었다. 그녀의 가치와 조직의 가치는 양립할 수 없었다.

마찬가지로 제약회사에서 지속적인 개선을 통해 결과물을 얻을지, 아니면 가끔 많은 투자를 통해 위험한 '돌파구'를 찾아 결과물을 얻을지는 경제적인 문제가 아니다. 두 전략의 결과가 거의 같을 수 있다. 실제로 들여다보면 의사가 현재 하는 일을 더 잘하게 도와줌으로써 회사에 기여하게 한다는 가치 체계와 과학적 발견을 이룬다는 가치 체계 사이의 마찰인 것이다.

기업을 단기적 결과를 위해 운영할지, 아니면 장기 목표에 집중할지도 가치의 문제다. 재정 분석가들은 기업이 둘을 동시에 추구하는 방식으로 운영할 수 있다고 생각한다. 성공적인 기업가는 더 잘 알고 있다. 분명 모든 기업은 단기적으로 결과를 만들어야 한다. 하지만 단기 결과와 장기 성장 사이에 생기는 갈등에서 각 회사는 어디에 우선순위를 둘지 결정할 것이다. 이는 경제적 의견 차이가 아니다. 근본적으로 기업의 기능과 경영의 책임 사이에서 발생하는 가치 충돌이다.

가치 충돌은 기업에만 국한되지 않는다. 가장 빠르게 성장하고 있는 미국의 교회 중 한 곳은 성공을 신규 교인의 숫자로 측정한다. 교회 지도부는 얼마나 많은 신자가 새로 오는지가 중요하다고 믿는다. 그러면 하느님이 그들의 영혼의 요구, 적어도 충분히 많은 사람의 요구를 돌볼 것이라고 믿는다. 한편 복음주의 교회는 영적 성숙이 중요하다고 본다. 교회는 새로 왔지만 영적 삶을 시작하지 못하는 신자를 신규 교인 숫자에 포함시키지 않는다.

이는 숫자의 문제가 아니다. 언뜻 보면 두 번째 교회가 더 느리게 성장하는 것처럼 보인다. 하지만 첫 번째 교회보다 훨씬 더 많은 새신자를 유지한다. 다시 말해 성장이 견고한 것이다. 이것은 신학적인 문제도 아니다. 가치의 문제다. 공개 토론에서 한 교회의 목사는 "우선 교회에 나오지 않으면 천국으로 가는 문을 절대 찾지 못한다"라고 주장한다. 다른 목사는 "그렇지 않다. 우선 천국으로 가는 문을 찾을 때까지는 교회에 속한 것이 아니다"라고 답한다.

사람처럼 조직도 가치를 갖고 있다. 조직에서 목표를 달성하려면, 개인의 가치가 조직의 가치와 양립할 수 있어야 한다. 같을 필요는 없지만 공존할 수 있을 만큼 가까워야 한다. 그렇지 않으면 좌절을 겪고 성과를 내지 못한다.

한 사람의 강점과 그 사람이 일하는 방식 사이에는 갈등이 없다. 상호 보완적이기 때문이다. 하지만 그 사람의 가치와 강점 사이에는 갈등이 있을 수 있다. 잘하는 것(아주 완벽히 잘하거나 성공적인 것)이 그 사람의 가치 체계에 맞지 않을 수 있다. 그런 경우, 그 일은 일생(혹은 인생의 상당 부분)을 바칠 만큼 가치가 있어 보이지 않을 것이다.

잠깐 개인적인 경험을 이야기하겠다. 몇 년 전 나도 내가 성공적으로 하는 일과 가치 사이에서 결정을 내려야 했다. 1930년대 중반 나는 런던에서 젊은 투자은행가로 잘나가고 있었고, 그 일은 분명 내 강점에 맞는 일이었다. 하지만 자산관리자로서 기여하고 있다는 생각이 들지 않았다. 내가 가치를 두는 것이 사람이라는 사실을 깨달았고, 죽어서 최고의 부자가 되는 것은 의미가 없다는 생각이 들었다. 돈도 없었고, 다른 일자리를 얻을 가망도 없었다. 경기 침체가 계속되었지만 나는 회사를 그만두었고, 그것은 잘한 일이었다. 가치가 커리어를 결정하는 궁극적인 기준이고, 또 그 기준이 되어야 한다.

# 나는 어디에 속하는가?

소수만이 자신이 어디에 속하는지를 아주 일찍 깨닫는다. 예를 들어 수학자, 음악가, 요리사는 네다섯 살 때 이미 수학자, 음악가, 요리사가 되리라 생각한다. 물리학자도 보통 십 대나 그 이전에 자신의 커리어를 결정한다. 하지만 아주 재능 있는 사람도 이십 대 중반이 지날 때까지 자신이 어디에 속하는지 알지 못한다. 하지만 그때까지는 내 강점이 무엇인지, 내가 어떻게 일하는지, 그리고 내가 추구하는 가치가 무엇인지에 답을 할 수 있어야 한다. 그러면 자신이 어디에 속하는지를 결정할 수 있다.

아니면 자신이 어디에 속하지 않는지를 결정하는 방법도 있다. 큰 조직에서 일을 잘하지 못한다는 사실을 알게 된 사람은 큰 조직에서 일자리 제안이 오면 거절할 수 있어야 한다. 의사결정자가 아닌 사람은 의사결정이 필요한 업무를 거절할 수 있어야 한다. 패튼 장군(그는 그 사실을 알지 못했던 것 같다)은 독립적인 지휘권을 거절하는 법을 알아야 했다.

이런 질문의 답을 아는 것은 기회, 제안, 과제를 수용할 때 "네, 제가 하겠습니다. 하지만 나는 이런 식으로 일합니다. 이런 조직에서 이런 관계 속에서 일합니다. 당신은 나에게 이 시간 동안 이런 결과를 기대할 수 있습니다. 나는 이런 사람이기 때문입니다"라고 말할 수 있게 한다.

성공적인 커리어는 계획되지 않는다. 강점, 일하는 방식, 가치를 알고 기회를 잡을 준비가 되어 있을 때 커리어가 발전한다. 어디에 속하는지 아는 것은 일반적인 사람(열심히 일하고 능력이 있지만 보통 수준인 사람)을 뛰어난 사람으로 바꾸어 놓는다.

## 나는 어떤 기여를 해야 하는가?

역사적으로 많은 사람이 '어떤 기여를 해야 하는가?'를 질문하지 않았다. 그들은 어떤 기여를 해야 할지 지시받았다. 소작인이나 장인은 일의 지배를 받았고, 하인은 주인의 지배를 받았다. 최근까지 대부분은 명령받은 대로 일하는 종속된 사람이었다. 1950년대와 1960년대에도 새로운 지식노동자(소위 조직의 사람이라고 불리던 사람)도 커리어를 계획할 때는 회사의 인사부를 찾아갔다.

1960년대 말에는 누구도 무슨 일을 해야 할지 명령받고 싶지 않았다. 젊은이들은 '무엇을 하고 싶은가?'라고 질문하기 시작했다. 그들은 기여하는 방법은 '자기 일을 하는 것(do your own thing)'이라는 이야기를 들었다. 그 해결책은 조직원들의 방법처럼 잘못된 것이다. 자기 일을 하면 기여할 수 있고, 자기실현을 할 수 있으며, 성공할 수 있다고 믿은 사람 중에 그 목표를 달성하는 사람은 거의 없다.

그렇다고 명령받은 일이나 배정받은 일을 하라는 과거의 대답으로 돌아가지 않는다. 특히 지식노동자는 이전에 하지 않았던 질문을 던지는 법을 배워야 한다. 나는 어떤 기여를 해야 하는가? 이에 답하려면 세 가지 질문의 답을 찾아야 한다. 상황이 무엇을 요구하는가? 내 강점, 일하는 방식, 가치에 기반을 두고 일을 완수하려고 할 때, 어떻게 해야 가장 크게 기여할 수 있는가? 차이를 만들려면 어떤 결과를 얻어야 하는가?

새로 임명된 병원 관리자의 경험을 살펴보자. 그 병원은 규모가 크고 평판이 좋았지만, 30년의 명성에 기대어 유지되고 있었다. 새 관리자는 2년 이내에 중요한 영역에서 뛰어난 기준을 세우는 것이 자신이 해야 할 일이라고 결정했다. 그는 크고 눈에 띄지만 엉망이던 응급실에 집중하기로 했다. 응급실에 온 모든 환자가 1분 이내에 간호사의 진찰을 받게 만들기로 했다. 12개월 안에 그 병원의 응급실은 미국에 있는 모든 병원 응급실의 모델이 되었고, 2년 안에 병원 전체가 완전히 바뀌었다.

이 사례에서 볼 수 있듯이, 너무 먼 미래를 보는 것은 불가능하기도 하고 유익하지도 않다. 계획은 보통 18개월 정도를 내다보고 세워야 하고, 분명하고 구체적이어야 한다. 대부분은 이런 질문을 던져야 한다. 앞으로 일 년 반 내에 달라지려면 어떤 결과를 어디서 어떻게 달성할 수 있는가? 이 질문의 답은 몇 가지 면에서 균형이 잡혀 있어야 한다. 첫째로 결과는 달성하기 어려워야 한다. 요즘 말로 하자면 '전력을 기울여야' 달성할 수는 있는 결과여야 한다. 달성할 수 없는 목표나 불가능한 상황에서만 달성할 수 있는 목표를 세우는 것은 야심 찬 것이 아니다. 어리석은 것이다. 둘째로 결과는 의미 있어야 한다. 차이를 만들 수 있어야 한다. 마지막으로 결과는 눈에 보여야 하고 가능한 한 측정할 수 있어야 한다. 그래야 무엇을 할지, 어디서 어떻게 시작할지, 그리고 어떤 목표와 기한을 정할지에 대한 행동 방침을 세울 수 있다.

## 관계에 대한 책임

혼자서 일하고 성과를 내는 사람은 거의 없다. 위대한 예술가, 과학자, 운동선수는 그럴 수도 있다. 대부분은 다른 사람과 함께 일할 때 효과적이다. 이는 조직에 속해 있든 자영업을 하든 동일하다. 자기경영은 관계에 대한 책임을 요구한다. 이는 두 부분으로 구성된다.

첫 번째는 다른 사람도 당신과 같은 사람이라는 사실을 인정하는 것이다. 그들은 인간처럼 행동한다고 주장한다. 이는 그들도 강점이 있고, 자신만의 일하는 방식과 가치를 갖고 있음을 의미한다. 따라서 목표를 달성하려면 동료들의 강점과 일하는 방식, 가치를 알고 있어야 한다.

당연하게 들리겠지만, 이 사실에 주목하는 사람은 많지 않다. 상사가 읽는 사람일 경우 첫 과제에서 보고서를 쓰는 훈련을 받는 것이 일반적이다. 다음 상사가 듣는 사람이더라도 그 사람은 계속 변함없이 보고서를 작성하고 결과를 내지 못한다. 당연히 상사는 그 사람이 어리석고 무능하며 게으르다고 생각하고, 결국 그는 실패할 것이다. 하지만 그 사람이 새로 온 상사를 살펴보고 상사가 어떻게 일하는지를 분석했다면, 실패를 피할 수 있었을 것이다.

상사는 조직도의 직책도 아니고 '기능'도 아니다. 그들은 사람이고, 자신이 가장 잘하는 방식으로 자기 일을 할 권리가 있다. 관찰하고 일하는 방식을 찾고 상사의 목표 달성 능력을 높이는 것에 자신이 적응하는 것이 상사와 함께 일하는 사람들의 의무다. 이것이 상사를 '경영'하는 비밀이다.

동료도 마찬가지다. 모든 개인은 타인의 방식이 아니라 자신의 방식대로 일한다. 모든 개인은 자신의 방식대로 일할 권리가 있다. 중요한 것은 '그들이 어떻게 일하는가'와 '그들의 가치가 무엇인가'다. 일하는 방식은 다 다르다. 목표를 달성하는 첫 번째 비밀은 함께 일하는 사람을 이해하고 의지해서 그들의 강점과 일하는 방식, 가치를 이용할 수 있어야 한다는 것이다. 업무 관계는 일 만큼 사람에 의존한다.

관계에 대한 책임의 두 번째 부분은 소통의 책임이다. 나와 다른 컨설턴트가 조직과 일하기 시작할 때마다 첫 번째로 듣는 이야기는 사람들 사이의 성격 갈등이다. 이런 마찰은 다른 사람이 무엇을 하고, 어떻게 일하며, 어떤 성과를 내기 위해 집중하고 있고, 어떤 결과를 기대하는지 모르기 때문에 발생한다. 모르는 이유는 묻지 않고, 그래서 대답도 듣지 못한다.

묻지 않는 것은 인간의 어리석음보다는 역사를 반영한다. 최근까지 누구에게도 그런 말을 할 필요가 없었다. 중세 도시에서는 그 지역의 모든 사람은 같은 일을 했다. 시골 지역의 모든 사람은 땅에서 서리가 사라지자마자 같은 작물을 재배했다. '일반적'이지 않은 일을 하는 사람은 혼자 일했고, 그가 무엇을 하는지 다른 사람에게 말할 필요가 없었다.

오늘날의 비즈니스맨은 다른 일과 다른 책임을 가진 사람들과 함께 일한다. 마케팅 담당 부사장은 판매팀에서 왔기 때문에 판매에 관한 모든 것을 알고 있지만 해보지 않은 일, 예를 들어 가격 책정이나 광고, 포장 같은 것에 대해서는 전혀 모를 수 있다. 그 일을 하는 사람들은 마케팅 담당 부사장에게 그들이 무엇을 하려고 하고, 왜 하려고 하며, 어떻게 할 것인지, 어떤 결과를 예상하는지 이해시켜야 한다.

마케팅 부사장이 전문가들이 가진 높은 수준의 지식을 이해하지 못한다면, 이는 부사장의 잘못이 아니라 전문가들의 잘못이다. 그들이 부사장을 교육하지 못한 것이다. 반대로 마케팅 부사장은 자신이 마케팅을 어떻게 이해하고 있는지를 모든 동료에게 이해시킬 책임이 있다. 그녀의 목표가 무엇인지, 어떻게 일하는지, 스스로와 동료에게 무엇을 기대하는지를 이해시켜야 한다.

관계에 있어 책임이 중요하다는 사실을 이해하는 사람조차 종종 동료들과 충분히 소통하지 못한다. 그들은 주제넘다거나 꼬치꼬치 캐묻는다거나 어리석게 비칠 자신의 모습을 우려한다. 하지만 그것은 잘못된 생각이다. 동료에게 가서 "나는 이런 걸 잘한다. 이런 식으로 일하고, 내 가치는 이것이다. 나는 이런 기여를 하려고 집중하고, 이런 결과를 예상한다"라고 말하면 상대방은 "정말 도움이 된다. 그런데 왜 좀 더 빨리 와서 이야기해 주지 않았나?"라고 답할 것이다.

내 경험상 예외 없이 똑같이 반응한다. 한 사람이 다시 '당신의 강점, 일하는 방식, 가치, 기여가 무엇인가?'라고 질문한다. 실제로 지식노동자는 함께 일하는 사람이 부하 직원이든 상사든 동료든 팀원이든 모두에게 이 질문을 던져야 한다. 그리고 이 질문을 받은 사람들의 반응은 항상 '물어봐줘서 고맙다. 그런데 왜 좀 더 빨리 묻지 않았나?'이다.

조직은 강요가 아니라 신뢰 위에 세워진다. 사람들 간의 신뢰는 반드시 서로 좋아한다는 의미는 아니다. 서로를 이해한다는 의미다. 따라서 관계에 대한 책임을 지는 것은 필수이자 의무다. 조직의 구성원이든 컨설턴트든 공급자든 유통업자든 모두 동료에 대한 책임이 있다. 사람은 모두 자기 일에 의존하는 만큼 다른 사람에게 의존한다.

## 삶의 후반전

일이 육체노동을 의미했을 때는 삶의 후반전을 걱정할 필요가 없었다. 항상 하던 일을 계속하면 그만이었다. 공장이나 철로에서

40년간 힘들게 일한 후에도 살아남을 만큼 운이 좋다면, 여생은 어떤 노동도 하지 않고 행복을 즐겼을 것이다. 하지만 오늘날 대부분의 일은 지식 근로고, 지식노동자는 40년 후에도 일을 그만두지 않는다. 단지 지겹다고 느낄 뿐이다.

우리는 경영자가 겪는 중년의 위기에 대해 자주 들었다. 지겨울 정도다. 45세가 되면 경영진 대부분은 커리어의 정점에 도달한다. 그들은 그 사실을 알고 있다. 20여 년 정도 똑같은 일을 하고 나면, 그들은 일을 굉장히 잘하게 된다. 하지만 일을 통해 배우거나 기여하거나 도전 과제를 찾으며 만족을 얻지 못한다. 그 후에도 20~25년 정도 똑같은 일을 할 확률이 높다. 그런 이유로 자기경영을 통해 점점 더 두 번째 커리어를 시작하게 된다.

두 번째 커리어를 개발하는 방법은 세 가지다. 첫 번째는 실제로 커리어를 시작하는 것이다. 단순히 한 조직에서 다른 조직으로 이동하는 것도 가능하다. 예를 들어 대기업의 부서 관리자가 중간 규모 병원의 관리자로 이동할 수 있다. 하지만 완전히 다른 영역으로 이동하는 사람들도 증가하고 있다. 예를 들어 기업 경영자나 정부 관료가 45세에 목사가 되거나, 20년 동안 기업에서 일한 중간급 관리자가 로스쿨에 가서 작은 마을의 변호사가 되는 것이다.

첫 번째 커리어에서 성공을 거둔 사람이 두 번째 커리어를 갖는 경우를 자주 본다. 그들은 기술이 있고, 어떻게 일해야 하는지를 안다. 그들에게는 커뮤니티가 필요하고, 아이들이 떠나 집은 텅 비어 있으며, 수입도 필요하다. 무엇보다 그들은 도전을 원한다.

두 번째 방법은 다른 일을 병행하면서 인생의 후반전을 준비하는 것이다. 첫 번째 커리어에서 매우 성공을 거둔 많은 사람은 자신이 하던 일을 전업이든 파트타임이든 컨설팅으로든 계속 유지한다. 그러면서 동시에 다른 일을 하는데, 보통은 일주일에 열 시간 정도를 비영리 기관에서 일한다. 예를 들어 교회의 행정 업무를 맡거나 지역 걸스카우트 위원회의 의장직을 맡는다. 가정폭력에 시달리는 여성을 위한 쉼터를 운영하거나, 지역 공공 도서관의 아동 사서로 일하거나, 학교 위원회에서 일하기도 한다.

마지막으로 사회적 기업이 있다. 보통은 첫 번째 커리어에서 큰 성공을 거둔 사람들이다. 그들은 자기 일을 사랑하지만 더는 도전이 없다고 느낀다. 많은 경우 하던 일을 계속하지만, 그 일에 점점 적은 시간을 쓴다. 그러면서 새로운 활동을 시작하는데, 보통은 비영리 단체의 일이다. 예를 들어 내 친구인 밥 버포드는 아주 성공적으로 방송국을 세웠고, 여전히 운영 중이다. 그는 거기에 만족하지 않고 성공적인 비영리 조직도 만들어서 개신교 교회와 함께 일하고 있다. 그는 사회적 기업가에게 원래 하는 사업을 계속하면서 자신만의 비영리 벤처를 운영하는 법을 가르치는 기관도 만들었다.

인생의 후반전을 경영하는 사람은 항상 소수다. 대다수는 '하던 일을 하다 은퇴'할 것이고, 실제 은퇴할 때까지 얼마나 남았는지를 손꼽고 있을 것이다. 일할 수 있는 시간이 길어진 것을 자신과 사회를 위해 일할 기회로 보는 이 소수는 리더가 되고 모범이 된다.

인생의 후반전을 경영하기 위해서는 한 가지 전제조건이 있다.

시작하기 훨씬 전부터 준비해야 한다는 것이다. 30년 전 처음으로 일할 수 있는 시기가 빠르게 늘고 있다는 것이 확실해졌을 때, (나를 포함한) 많은 관측자는 은퇴자가 점점 더 비영리 기관에서 자원봉사할 것이라고 믿었다. 실제로 그런 일은 일어나지 않았다. 40살이 되기 전에 자원봉사를 시작하면, 60살이 넘으면 더는 자원봉사를 하지 않는다.

내가 아는 모든 사회적 기업가는 그들의 원래 일에서 정점을 찍기 전에 두 번째 커리어를 선택한다. 대기업 법무실에서 성공적인 커리어를 쌓은 한 변호사를 살펴보자. 그는 자신이 사는 주에 시범학교를 세우는 벤처사업을 시작했다. 서른다섯 살 무렵부터 학교에 법률 조언을 하는 자원봉사를 했다. 마흔 살에 학교 이사회에 선출되었고, 재산을 모은 쉰 살에는 시범학교를 세우고, 자신만의 기업을 시작했다. 그는 젊은 변호사로 설립 때부터 함께 해온 회사의 선임 법률 자문가의 일을 여전히 전업으로 일하고 있다.

두 번째 커리어를 빨리 개발해야 하는 이유가 또 있다. 삶이나 일에서 고된 시련을 겪어보지 않으면, 누구도 얼마나 오래 살지 예상하지 못한다. 마흔다섯에 승진이 물 건너갔다는 것을 아는 능력 있는 엔지니어가 있다. 마흔둘이 되어서야 충분한 자격을 갖추고 있음에도 불구하고, 종합대학에서 교수직을 제안받지 못할 것이라는 사실을 깨닫는 전문대학 교수도 있다. 이혼하거나 아이를 잃는 것처럼 가족에게 비극이 일어나는 사람도 있다. 그런 때에 단순한 취미가 아니라 두 번째 커리어는 삶에 변화를 가져다줄 수 있다.

예를 들어 엔지니어는 자기 일에서 그리 성공을 거두지 못했다는 사실을 알게 될지 모른다. 하지만 그의 다른 활동, 예를 들면 교회의 회계 담당자로서의 활동에서는 성공적일 수 있다. 가족은 해체되었지만, 여전히 지역사회에서 다른 활동을 하고 있을 수도 있다.

성공이 너무나도 중요한 사회에서 선택권이 있다는 것은 매우 중요하다. 역사적으로는 '성공'이라는 것이 없었다. 많은 사람이 오래된 기도문의 구절처럼 '적당한 위치'에 머무는 것 이상을 기대하지 않았다. 유일한 이동은 하락뿐이었다.

지식사회에서는 모두가 성공을 기대하지만, 이는 불가능하다. 많은 사람이 잘해봤자 실패하지 않는 것에 그친다. 성공이 있으면 항상 실패도 있다. 그래서 개인이든 가족이든 자신이 기여할 수 있고, 바꿀 수 있으며, 중요한 사람이 될 수 있는 영역을 갖는 것이 매우 중요하다. 이는 두 번째 커리어든 병행하는 일이든 사회적 벤처든 리더가 되고 존경받고 성공할 수 있게 해주는 두 번째 영역을 찾는 것을 의미한다.

자기경영에 있어 도전 과제는 분명해 보인다. 그에 대한 답도 순진할 정도로 자명해 보인다. 하지만 자기경영은 개인, 특히 지식노동자에게 전례 없는 새로운 것을 요구한다. 실제로 자기경영은 지식노동자가 최고 경영자처럼 생각하고 행동할 것을 요구한다. 또한 명령받은 대로 일하는 육체노동자에서 자신을 경영해야 하는 지식노동자로의 변화는 사회 구조에도 심각한 도전 과제를 던진다. 모든 사회, 가장 개인주의적인 사회도 조직이 근로자보다 더 오래 지속되고 대부분 사람은 원래 있던 자리에 머무른다는 사실을 무의식적으로라도 받아들인다.

하지만 오늘날은 반대다. 지식노동자는 조직보다 오래 살아남아 움직이고 있다. 자기경영은 인간사의 혁명을 만들어내고 있다.

(초판 1999년 1월 발행, 재인쇄)

# 핵심 포인트

우리는 전례 없는 기회의 시대에 산다. 야심과 추진력이 있고 똑똑하다면 어디서 시작하든 선택한 직업에서 최고가 될 수 있다. 하지만 기회에는 책임이 따른다. 오늘날 기업은 지식노동자의 커리어를 관리하지 않는다. 각자가 자신의 최고 경영자가 되어야 한다.

간단히 말하면, 커리어 자리를 만들고 언제 코스를 변경해야 할지 스스로 알고 있어야 한다. 50년 정도 지속될 커리어에서 자신을 바쁘고 생산적으로 만드는 것도 나 자신이다.

이를 위해서는 자신을 잘 이해해야 한다. 가장 중요한 강점과 가장 위험한 약점은 무엇인가? 어떻게 배우고 다른 사람과 어떤 식으로 일하는가? 가장 중요하게 여기는 가치는 무엇인가? 어떤 업무 환경에서 가장 크게 기여할 수 있는가?

이것이 의미하는 바는 분명하다. 나 자신과 자신의 강점을 잘 알고 일할 때, 오랫동안 지속될 진정한 탁월함을 얻을 수 있다.

# 핵심 실천 전략

뛰어난 경영인이 되려면, 다음의 질문들을 해야 한다.

### '나의 강점은 무엇인가?'

자신의 강점을 정확히 파악하기 위해 **피드백 분석**을 이용한다. 중요한 결정을 내릴 때마다 예상하는 결과를 적는다. 몇 달 후 실제 결과와 예상을 비교하고 거기서 패턴을 찾는다. 어떤 결과를 내는 데 뛰어난가? 원하는 결과를 내기 위해서는 어떤 능력을 키워야 하는가? 어떤 습관이 원하는 결과를 얻는 데 방해가 되는가? 개선 기회를 찾을 때는 재능이 없는 영역을 개선하는 데 시간을 낭비하지 말아야 한다. 그 대신 강점에 집중하고, 강점을 강화해야 한다.

### '나는 어떻게 일하는가?'

어떤 방식으로 일할 때 가장 잘하는가? 정보를 읽을 때 가장 효과적으로 받아들이는가, 아니면 다른 사람과 토론하면서 들을 때 가장 효과적으로 받아들이는가? 다른 사람과 함께 일할 때 가장 효과적인가, 아니면 혼자 일할 때 효과적인가? 의사결정을 내릴 때 일을 잘하는가, 아니면 중요한 문제를 다른 사람에게 조언할 때 일을 잘하는가? 스트레스가 많을 때 좋은 성과를 내는가, 아니면 예상 가능한 환경에 최적화되어 있는가?

### '나의 가치는 무엇인가?'

당신이 생각하는 윤리는 무엇인가? 가치 있고 윤리적인 삶을 위해 가장 중요한 책임은 무엇이라고 생각하는가? 조직 윤리가 자신의 가치와 상통하는가? 그렇지 않다면 커리어에서 좌절과 저조한 성과를 맛보게 될 것이다.

### '나는 어디에 속하는가?'

강점과 선호하는 일의 스타일, 가치를 생각한다. 이를 바탕으로 어떤 업무 환경이 본인에게 가장 잘 맞는가? 가장 잘 맞는 환경을 찾으면 자신을 괜찮은 직원에서 뛰어난 성과를 내는 직원으로 변화시킬 수 있다.

### '나는 어떤 기여를 할 수 있는가?'

과거에 기업은 사람들에게 그들이 어떻게 기여해야 할지를 알려 주었다. 하지만 오늘날에는 스스로 선택할 수 있다. 조직의 성과를 어떻게 높일지 결정하려면, 우선 상황이 요구하는 바가 무엇인지 자문해야 한다. 강점과 일하는 스타일, 가치를 바탕으로 어떻게 조직에 가장 큰 기여를 할 수 있을까?